珍藏本·增订本

纪念版

汉译世界学术名著丛书

伦巴第街

〔英〕沃尔特·白芝浩　著

刘璐　韩浩　译

商务印书馆

SINCE1897

The Commercial Press

Walter Bagehot

LOMBARD STREET

A Description of the Money Market

Scribner, Armstrong & Co. 1873

本书根据斯克里布纳-阿姆斯特朗公司1873年版译出

汉译世界学术名著丛书
（120 年纪念版·珍藏本）
增订本出版说明

2017 年 10 月，为纪念商务印书馆创立 120 周年，本馆推出“汉译世界学术名著丛书”（120 年纪念版·珍藏本），计七百种。近五六年来，仰赖学界同人倾力支持，订正旧译，增补新译，拓展新著，积累日多。为满足读者需要，本馆在七百种的基础上，继续推出“汉译世界学术名著丛书”（120 年纪念版·珍藏本·增订本）三百种。至此，“汉译世界学术名著丛书”累计出版已达千种。

今后，本馆将继续推进丛书的翻译出版工作，在积累单本名著的基础上陆续分辑刊行，汇印出版。为促进中外文明互鉴、推动我国学术发展，使“汉译世界学术名著丛书”这项对我国学术文化有基本建设意义的重大工程发挥更大作用，诚望海内外学术界、翻译界继续给予支持，帮助我们把这套丛书出得更好。

商务印书馆编辑部

2024 年 2 月

汉译世界学术名著丛书
（120 年纪念版·珍藏本）
出 版 说 明

2017 年 2 月 11 日，商务印书馆迎来 120 岁的生日。120 年前，商务印书馆前贤怀揣文化救国的理想，抱持“昌明教育，开启民智”的使命，立足本土，放眼寰宇，以出版为津梁，沟通中西，为中国、为世界提供最富智慧的思想文化成果。无论世事白云苍狗，潮流左右激荡，甚至战火硝烟弥漫，始终践行学术报国之志，无改初心。

迻译世界各国学术名著，即其一端。早在 20 世纪初年便出版《原富》《天演论》等影响至今的代表性著作，1950 年代后更致力于外国哲学和社会科学经典的译介，及至 1980 年代，辑为“汉译世界学术名著丛书”，汇涓为流，蔚为大观。丛书自 1981 年开始出版，历时三十余年，迄今已推出七百种，是我国现代出版史上规模最大、最为重要的学术翻译工程。

丛书所选之书，立场观点不囿于一派，学科领域不限于一门，皆为文明开启以来，各时代、各国家、各民族的思想与文化精粹，代表着人类已经到达过的精神境界。丛书系统译介世界学术经典，引领时代思想，为本土原创学术的发展提供丰富的文化滋养，为推动中国现代学术和现代化进程做出了突出的贡献。

为纪念商务印书馆成立120周年，我们整体推出“汉译世界学术名著丛书”120年纪念版的珍藏本，寄望既利于文化积累，又便于研读查考，同时向长期支持丛书出版的译者、编者和读者致以敬意。

两甲子后的今天，商务印书馆又站在了一个新的历史时间节点上。我们不仅要铭记先辈的身影和足迹，更须让我们的步伐充满新的时代精神。这是商务人代代相传的事业，更是与国家和民族的命运始终紧密相连的事业。我们责无旁贷，必须做好我们这代人的传承与创造，让我们的努力和成果不仅凝聚成民族文化的记忆，还能成为后来人可以接续的事业。唯此，才能不负前贤，无愧来者。

商务印书馆编辑部

2017年10月

译 者 序

“袅袅兮秋风，洞庭波兮木叶下。”屈子三千年前的吟唱，余音延宕，久久不息。那些历经大浪淘沙而留下的，都会在历史的沉淀中历久弥新；同时，当我们与之久别重逢时，又能从中感受到“温故知新”。这就是150年前沃尔特·白芝浩留给我们的《伦巴第街》这一经典经济学著作的价值。

沃尔特·白芝浩（1826—1877），英国著名经济学家，1861年成为英国著名杂志《经济学人》的主编，被后人认为是《经济学人》历史上最伟大的主编。他在早年阅读了大量道德哲学、政治经济学和19世纪早期的英国诗歌，创立和编辑了《全国评论》（*National Review*）和《双周评论》（*Fortnightly Review*），这些经历和积淀使他形成了简洁清晰、逻辑顺畅且机智风趣的文风。作为评论文章的作者，他一生的著述编为五本文集，分别是《英国宪制》（*The English Constitution*，1867）、《物理与政治》（*Physics and Politics*，1875）、《伦巴第街》（*Lombard Street*，1873）、《文学研究》（*Literary Studies*，1879）和《经济研究》（*Economic Studies*，1880）。其中，前三本为其生前出版。

我们所翻译的是1873年的《伦巴第街》初版。这本书由11篇评论文章所组成，是作者在生命的最后十年里关于英国银行体系诸多重要思想的凝结。该著作主要论述了伦巴第街的产生、英国货币市场的运行模式、英国银行体系的四个组成部分(英格兰银行、股份制银行、私人银行和票据经纪商)以及单一银行储备体系的利弊等。以英格兰银行的货币发行、治理机制和准备金管理等为主线,作者在书中主要对以下三个方面的内容进行了详细分析:

第一,关于英国货币市场及单一银行储备形成的分析。英国贸易的长足发展产生了对资金的巨大需求,而资金只有集中起来才能发挥更大作用,伦巴第街就成了这一资金的蓄水池,逐渐形成了基于借贷资金的货币市场。为什么是伦巴第街呢?其关键就在于可流通银行券的发行。伦巴第街各银行所发行银行券的顺利流通为银行积累了信用。信用的积累反过来又促进了银行券的流通,从而在全国形成庞大的银行券发行体系——这一体系为存款银行体系的形成打下基础。最终,公众的储蓄或者说全国的储蓄都聚集在伦巴第街的各家银行,从而形成规模巨大的可贷资金市场。但在政府的参与下,英格兰银行享有了银行券发行的特权,成为唯一一家可以发行银行券的银行,这为英格兰银行信用和存款的积累提供了无可比拟的优势,加之其他优势及其良好经营,英格兰银行成为伦巴第街最具实力的银行。其他银行纷纷围绕于此,将自己的存款准备金都存放在英格兰银行,不经意间,英国的单一银行储备体系由此形成。

第二,关于中央银行运行机制的分析。在当时,英格兰银行虽然名义上并非英国的中央银行,但从其在银行体系中的地位和职能的角度来看,实际上已是中央银行。在书中,作者对英格兰银行或者说中央银行运行机制的方方面面进行了诸多论述,主要有:

一、中央银行是银行的银行，是最后贷款人。在英国，其他银行机构如股份制银行、私人银行、票据经纪商等都把准备金存入英格兰银行，它实际上是最后准备金的持有者。在恐慌时期，这些机构都要依靠英格兰银行的准备金才能渡过难关，因此英格兰银行应该全力救助这些机构，为它们提供贷款。二、中央银行永远持有大规模的准备金是至关重要的。因为在恐慌时期，为需要贷款的人提供贷款就能够抑制恐慌蔓延，维持信用体系不致崩溃，而如果准备金不足，那么其微小变动都会引发或加剧恐慌。三、中央银行的组织机构要保持专业性和独立性。作者为此提出了要任命一位与行长地位平等的"常务副行长"、行长要全力投入英格兰银行的业务而禁止投身于其他公司以及英格兰的银行家不应被完全排除在英格兰银行董事会之外等建议。

第三，关于银行体系中其他金融机构的分析。英国的银行体系主要由英格兰银行、股份制银行、私人银行和票据经纪商等组成。作者用了三章的篇幅分别论述了后面三者，然而作者的重点却并非赞赏其成功，而是针砭其弊病。对于股份制银行，它存在两大弊病：一是自身应持有大量的准备金却没有这样做，在恐慌时期，这将为其带来严重后果；二是其治理机制不能实现有效管理。对于私人银行，作者认为，外部环境已经不适于其发展，内部体制也已弊病重重，它最终会消亡，幸存者也将转变成股份制银行的形式。对于票据经纪商：一方面，由于它要为资金支付利息因而不能持有大量未用资金，所以票据经纪商无法自己持有准备金；另一方面，在恐慌时期，由于其存款大多是其他银行的准备金，所以在它需要准备金的时候却要被取走资金，从而使其陷入无法偿债的困境。

这些理论和观点虽然提出于一百多年前，然而我们今天读来依然觉得大有裨益。作者用他一贯的通俗易懂、逻辑清晰又饶有趣味的语言风格写就了这本著作。同时，他又是一个针砭时弊的实用主义者；他提出的关于英格兰银行组织机构的设置、应持有的准备金数额等具体建议让我们感到，他果然是英格兰的一位“常务财政大臣”啊！我想，这也是白芝浩的特点以及这本书的目的之一，即“解决具体的现实问题”。

“现实”虽已走远，然而那些基本原理却亘古不变。每一本著作都是时代的产物。我们首先要明白，“旧瓶装新酒”是否依然能留下酒的芳醇，因而我们要学会如何以这本“历史书”为蓝本，去描摹和分析我们当今时代的货币市场体系；然后我们要知道，关于银行体系的一些基本原理是通用的，不管银行模式如何变迁，货币市场运行方式如何更迭，空中楼阁是不存在的，那些地基仍旧屹立不倒。它们对我们认识、分析和解决今天的经济问题依然有重要的借鉴和参考价值。这也是我们翻译此书的目的，希望诸位读者能用历史中的点点光辉照亮前路。

作为《经济学人》史上最伟大的主编，著者白芝浩的生命历程只有短短的五十一载春秋，然而命运就是如此巧合，倘若没有在1857年结识《经济学人》的创立人和拥有者詹姆斯·威尔逊(James Wilson)并在次年成为他的女婿的话，也许我们就不会见到这本经典著作了。

如果我们把经济学比作烟波浩渺的洞庭湖，那么《伦巴第街》就犹如洞庭湖上的一片木叶，在诞生之时就泛起了湖面的涟漪，而这涟漪却似正弦曲线一般存在，在历史与时间的水波中余音渺渺，让今天的我们依然能够感受到它的芳容和魅力。

这部书是由我和我的研究生韩浩同学共同翻译完成。韩浩同学不仅做了大部分章节的初稿翻译工作，还不辞辛苦多次帮助我校对译稿，我的感谢之情无以言表！感谢东北财经大学金融学院中央银行研究专家刘丽巍教授和金融史研究专家禹中华副教授对本书翻译提出的修改意见！感谢我的研究生陈晨、包书婷、国徽、巩庆敏、张晗等同学对本书进行了多次校对！商务印书馆的李彬编辑是我多年的挚友，他工作严谨扎实，多次与我们讨论书稿翻译的细节问题，为本书的翻译完成和顺利出版做了大量深入细致的工作，我也深表谢意！

译者

东北财经大学师道斋

2016 年 7 月

目　　录

致 读 者

或许，这本书的写作所实际耗费的时间要比读者们根据其篇幅和应有的重要性而认为的写作时间长很多。它的写作始于1870年秋天，尽管由于紧迫的事情和我糟糕的健康状况而使得这本书的写作经常被搁置，但当我能够写作时，我从未停歇过。不过我担心这样做的结果会像律师们所说的那样，书的每一部分看上去似乎并非“在同一时间进行叙述”，至少有些临时的阐释看上去可能是这样。此时使用的非常自然的数据和例证放在另一时间里就会显得十分不自然；就不断变化的现实问题写作一本进程缓慢的书，我希望至少能保持主题内容上的一致性。

恐怕我并不期待这本书会受到极大的欢迎。它描述的主要是四类机构和个人——英格兰银行、除英格兰银行外的股份制银行、私人银行和票据经纪商；我担心他们中的任何一方都会完全不喜欢我对他们的描述。我只能说我现在表达的观点并非仓促而成，亦非脱离事实；恰恰相反，这些观点都是在“伦巴第街”自身之中逐渐成熟的；由于它们并不完全讨人喜欢，也许我至少要请求那些批评者能够不偏不倚地去评判。

我还要说的是，由于我疾病缠身而无法完成修改工作，一位朋友帮我完成了最终校样的校对工作，我对他深表感激。如果不是他施以援手，这本书的出版必定要延迟到今年秋天，而由于它的写作进程已然非常缓慢，倘若如此，那将使我更加苦恼。

沃尔特·白芝浩

温布尔登波普拉区

1873年4月26日

第一章　引言

我之所以斗胆将本书的书名定为“伦巴第街”，而不是诸如“货币市场”之类的名字，是因为我希望解决一些具体的问题——我的确希望表明我想要解决的是具体的现实问题。当前，这样一种观念非常盛行：货币市场是一种捉摸不定的东西，它只能用十分抽象的语言来描述，因此关于货币市场方面的著作也一定非常艰深晦涩。但我认为，货币市场同其他任何事物一样具体而实际，我们可以用相当平实的语言来描述它；如果某部书的作者的话让人感觉如堕五里雾中，那只能是作者自己的问题。然而，我承认，在一点上，我在写关于这个话题的书时很可能会占据一种对其他人而言有失公允的优势。货币市场之所以被人们认为是难以理解的，有一半或多半的原因是针对《皮尔条例》(Peel's Act)* 所产生的论战，以及关于该条例是建立在怎样的基础上或者说理应建立在怎样的基础上的一些抽象的讨论。但在下面的章节中，我一定会刻意地较少谈及 1844 年的《皮尔条例》；而当我不得不谈到它的时候，我也几乎只会涉及它的一些直观效果，而基本上不会涉及其核

---

* 又称英格兰银行特许条例(Bank Charter Act 1844)，是 1844 年英国议会颁布的一项条例，由时任英国首相皮尔主持通过，故又称皮尔条例。该条例限制了不列颠各大银行的权利，把印钞权收归中央集权式的英格兰银行所有。——译者注

心基础，即使有的话也只会有一点点。

之所以这样做，有如下几个原因：第一，只要你提到1844年条例的什么内容，那么无论你再说其他任何内容，都会变得不重要，因为没有人会关注你所说的其他内容。大多数的批评人士只会抓住与1844年条例有关的内容，要么对其进行攻击，要么对其进行辩护，好像这就是最核心的问题一样。议会颁布的这项条例已经引发了大规模激烈的争议，直到现在围绕着它所产生的敌对情绪依然存在。对于许多人来讲，关于这个条例的一句话可能会比一本阐述这一主题的其他部分的书更令他们感兴趣。对立双方会问每个写作这一主题的新著者一个问题：你是支持我们还是反对我们？他们基本上不关心其他问题。当然，如果果真如人们普遍认为的那样，1844年条例是英国货币市场的原动力的话（按照一些人的说法，它是各种好处的源泉；而按照另一些人的说法，它是各种问题的根源），那就不能因为针对它提出一种观点可能会引发极度愤怒而不去自由发表意见。无论写作任何主题，著者都不会忽略最基本的事实，以免遭到其他人的攻击、谩骂，但是依我的判断，1844年条例只不过是货币市场上的一件次要的事情。它所受到的关注已经远远超过了它所应该得到的，而与它相关的一些现象的重要性也被人为地放大到了一个它们本不配拥有的程度。我们不要忘了，现在距1844年已经过去了近30年的时间，而在这30年间，物质文明的发展取得了引人瞩目的成就，银行业的发展更是让人叹为观止。因此，即使在1844年经常被提及的一些事实确有当时人们所赋予它们的重要性（我相信在某些方面它们是被夸大了），发现在一个新世界中出现了一些新的更显著和更重要的现象

也不会有什么令人感到惊讶的。在我看来,事实是这样的:自1844年以来,伦巴第街已经发生了很大的变化。如果不去描述和讨论一个当时小而脆弱、现在却充满活力的成熟世界的话,我们就无法对伦巴第街做出判断。有鉴于此,我希望尽量少地谈及1844年条例,而是尽我所能地把"后皮尔时期"的组织架构分离出来单独加以详细阐述,这样,那些已经受够了这一老生常谈的话题的人(这样的人有很多)就不会感到过于厌烦,而关于英国金融市场的新的被忽视的部分也会得到应有的重视。

最为简单、真实地描绘伦巴第街的方式是把它说成是到目前为止这个世界上所能看到的经济的强力性和脆弱性的最伟大结合。经济力量的强大毋庸置疑。货币就是经济力量。众所周知,英格兰是世界上最为富有的国家;人们也都承认,它拥有着比其他国家多得多的可供随时动用的现金。但却很少有人了解英格兰的现金余额,即可以以任何目的贷给任何人的浮动贷款基金(the floating loan-fund),究竟比世界上其他地区的现金余额多多少。而能够表明伦敦贷款基金的规模有多庞大、比其他地方的贷款基金多多少的统计数据也是少之又少。不过,我们可以从下面的一些对比中粗略了解已知存款(即那些公布其账目的银行所拥有的存款)的数量:

伦敦的存款(1872年12月31日)	120,000,000英镑
巴黎的存款(1873年2月27日)	13,000,000英镑
纽约的存款(1873年2月)	40,000,000英镑
德意志帝国的存款(1873年1月31日)	8,000,000英镑

而伦敦的未知存款(即那些未公布其账目的银行所拥有的存款)的数量要比其他这些城市多得多。此外,伦敦同业存款的数量要比其他城市多出几倍——而整个英国的同业存款数量也要比其他国家多出几倍。

当然,同业存款并不是衡量一个货币市场所拥有资源的一个严格准确的指标。相反,在法国和德国以及所有的无银行国家,更多的现金存在于银行体系之外,这一点与银行业发达的英格兰和苏格兰截然不同。但可以这样说,那种游离于银行体系之外的现金不能算作“货币市场货币”(money-market money),因为它们是不可获得的。除了他们自己所遭受的重大不幸、除了以法国本国证券的形式所发放的贷款外,没有什么可以从法国民众那里抽走他们所囤积的货币。其他证券对他们来说都没有吸引力,因为他们根本不信任这些证券。被囤积起来的货币是没有任何用途的,它们本可以不被囤积起来。相比之下,英国的货币则是“可借贷的”。我们的人民在处理他们的钱时要比任何欧洲大陆国家的民众都更为大胆;即使他们并非很大胆,把钱存在银行里也使得货币更易被获得。一个银行家手头有一百万是一种强大的力量;他可以把它放贷到任何他愿意放贷的领域,而借款者也会来找他,因为他们知道或者相信他手里有这么多钱。然而,如果这一百万的总额为几十个人所分散持有,它就没有任何力量,因为没有人知道它在哪里或者应该找谁去要。英格兰货币市场之所以会如此发达并且远胜于其他国家的货币市场,关键就在于货币集中于银行,这即便不是唯一的原因,也是最主要的原因。

而货币集中于银行所产生的效果也经常为我们所见。经常会有人向我们提出借款要求，而我们也确实贷出了大量资金，这样庞大规模的贷款额是在其他任何地方都不可能获得的。时常听说，任何国家都可以以一定的价格从伦巴第街借钱：有些国家借入的成本要比别的国家低很多；但据说只要愿意支付足够高的价格，所有国家都可以得到一些贷款。这种说法可能有些言过其实，但如果把借款的一方仅限定为文明国家政府的话（其实本来也应如此），那就没有多少夸张的成分了。只要它们想借，还很少有哪个文明国家政府在向我们提出大额借款要求时遭到过拒绝，而它们中的大部分也越来越多地倾向于这种大额借款。任何国家如果要修铁路的话，尤其是穷国，就一定会来找我们——这个银行国度——贷款。其实，对于借款的外国政府来说，英国的银行家们本身并不是非常重要的放贷主体，但是这些银行家们却是那些把钱借给外国的放贷人的最重要的放贷主体。他们差额发放外国股票抵押贷款；也就是说，他们提供80%的款项，而其余20%由名义放贷人提供。正是通过这种方式，大量工程在英国的帮助下得以顺利完工；如果没有这些帮助，这些工程是不会被列入计划的。

对于我国国内的企业来说，情况也是这样。我们已经彻底忘了这样一条箴言：任何可能需要花钱或被认为可能需要花钱的项目都可能因为缺少资金而流产。然而，这条箴言对我们的祖先来说却再熟悉不过了，而且目前在世界上大多数国家它依然经常被人们所提及。一位伊丽莎白女王时代的伦敦公民是无法想象我们现代人的思想状态的。他会认为铁路的发明是毫无用处的（假设他能理解铁路到底意味着什么），因为想筹集资金去修建它是不可能的。目前，在一些殖民地国家和所有的野蛮国家中，没有大量的可转移资金,也没有可贷基金来帮助人们实施大型工程。从宏观的角度来看,无论是现在还是过去,世界上的贫穷国家是没有多余的资金去实施新的大型工程项目的;而在多数富有国家,资金则太过分散,都被其所有者牢牢掌握在手中,想为实施某些新项目而大规模地筹集资金也非常困难。但在伦巴第街,除了个别罕见的时期外,大多时候,只要能提供优质的抵押品或合理的预期收益前景,获得资金常常不是问题。像伦巴第街这样的地方可以说是一种奢侈品,这样平等的借贷条件是任何国家以前都未曾体验过的。

然而,尽管向新企业或外国偶尔的贷款是体现伦巴第街影响力的明显例证,但那绝不是其发挥影响力的最引人注目或最为重要的领域。英国依靠借来的资金进行贸易活动已经达到了一种令外国人对此几乎没有概念而令我们的祖先也无法想象的程度。在英国的每个行政区,都有不少小贸易商崛起,他们"大量贴现票据",利用以这种方式借来的资金,他们即使没有彻底消灭旧资本家,也对其形成了咄咄逼人的攻势,令其不胜其烦。这些新的贸易商在贸易斗争中显然拥有巨大的优势。如果一位商人自己拥有50,000英镑,要想赚取10%的利润,他必须每年赚得5,000英镑,相应地他要以此为基础为其商品定价。假设另外一位商人只有10,000英镑,但他通过贴现的方式获得了40,000英镑(这在现代贸易中并不是什么极端的例子),这样他也有同样的50,000英镑可以使用,而为获得同样的利润率,它的商品却可以以低得多的价格销售。如果他的贷款利率为5%,则他每年要支付2,000英镑的利息。如果同前述那位旧贸易商一样,他一年也能赚得5,000英镑,那么在支付利息之后,他一年仍可赚得3,000英镑,相对于

其自己的 10,000 英镑本金来说有 30%的利润。由于大部分商人对利润率的期望值都远低于 30%,因此只要他们愿意,他们会放弃一些利润,降低商品的价格,而这会将那些旧贸易商,即完全依靠自有资金从事贸易的商人彻底逐出市场。在英国现代商业中,由于以票据贴现形式或支付适度利息的形式获得贷款的把握性很大,因此用借入资金进行贸易会形成稳定的优势,而完全或主要依靠自有资金则越来越不利。

英国商业的这种越来越趋于民主化的体系在很多地区是不受欢迎的,其所引发的后果也颇为复杂。一方面,它阻碍了一些商业巨擘家族(例如来自威尼斯和热那亚的家族)的长期延续,在这些家族中,良好的修养同巨额的财富一样代代传承,在某种程度上,他们体现着贵族的品位与商人的眼光及魄力的完美结合。他们可以说是被一群脏兮兮、不起眼的人排挤掉了。在传承了一两代之后,他们便退隐江湖。虽然坐拥巨额财富,却只能取得微薄的利润,他们认为这点利润甚至都不足以弥补他们因在商业中遇到的无礼的商业伙伴和粗鲁的举止所遭受的不快。商业门槛的不断降低对于商业道德的维护也是非常不利的。过去享有盛名的大公司希望把这种声望在未来继续传递下去,因此它们不愿意去搞一些欺诈的小把戏。它们将交易的可持续性看作生存之本,而一旦发生欺诈行为,这种可持续性就会遭到破坏。当我们仔细考察英国商品的声誉遭到损害的原因时,我们发现罪魁祸首就是那些由银行"贴现"所扶植起来的新商人。这些人急功近利,他们会生产质量低劣的产品。他们所依靠的就是低廉的价格,并以此取得了成功。

虽然商业的这种民主化体系存在着上述及其他各种问题，但一个突出的优点弥补了这些缺陷。没有哪个有着伟大贸易传统的国家，至少没有哪个欧洲国家，能够做到像英国那样极少“打盹”——这是形容它的唯一恰当的词。一个主要倚仗商业富豪的国家永远不可能反应如此敏捷，他们的商业会持续不断地沦落为常规的商业方式。一个腰缠万贯的人，无论多么精明，他总是或多或少会这样想，“我拥有巨额财富，我要把它留住。如果一切正常的话，我肯定能留住这些财富；但如果情况有变，恐怕我就会失去它”。因此，他把环境的任何变化都看成是令人生厌的东西，也会尽可能远离这些变化。但对于一个商界新人、一个要在这个世界上开辟属于自己的道路的人来说，懂得这样的变化对他来讲则是机会。他一直在密切搜寻这样的变化，而当他发现时，总会特别留意。英国商业的这种接地气的体系正是其自身得以生存发展的秘诀；因为它蕴含着“对于变化的偏好”，而这无论是在人类社会还是在动物王国，都是进化的准则。

在这种长期不断的借贷活动中，伦巴第街一直作为中间媒介。它是这个国家安静的资金储蓄地区和活跃的资金使用地区之间固定的经纪人。为什么特定的交易会在特定的地方达成，这个问题通常很难回答；然而，有一件事情是确定无疑的，那就是当一项交易选择在某个地方固定下来之后，其他地方就很难取而代之了——可以说是不可能的，除非新地方有某种非常巨大的内在优势。说来也奇怪，商业如果仅仅局限在本地，就会非常保守，而如果某种力量强制其向外发展，情况就会大不一样。出于这个原因以及其他方面的因素，英格兰很多地区在整个本地区的范围内是不能使用也不会使用它们自己的资金的。纯农业郡是不会出现这种情况的。一个拥有肥沃的土地但却没有制造商也不存在贸易的郡,其所拥有的储蓄额要远远超过在该郡可以被安全贷出的资金数量。这些储蓄首先被存入当地的银行,通过这些银行运往伦敦,然后存在伦敦的银行家或票据经纪商那里。而无论是存在银行家那里还是存在票据经纪商那里,结果都是一样的。以这样的方式从一些地区聚拢来的资金被用于贴现一些工业地区的票据。萨默塞特郡(Somersetshire)和汉普郡(Hampshire)的银行家把这些资金存放在伦巴第街的银行家和票据经纪商那里,而伦巴第街的这些银行家和票据经纪商则将这些资金用于贴现那些来自约克郡(Yorkshire)和兰开郡(Lancashire)的票据。这样,伦巴第街就成了英格兰两大部分之间的永久代理人:其中一部分包括的是那些发展迅猛的地区,在那里,任何数量的资金都可以得到妥善、便利的使用;而另一部分则包括那些发展趋于稳定和日渐衰落的地区,在这些地区,总是存在剩余资金。

这一机制非常有用,因为它非常便于调节。政治经济学家们说,资金会流向那些利润最为丰厚的行业,会迅速离开那些利润微薄或根本不赚钱的行业。但在一般的国家,资金的这种流动是一个非常缓慢的过程。那些对于抽象的事实也想得到直观了解的人通常会对资金的流动产生怀疑,因为他们无法亲眼看到这一过程。而在英国,这一过程则完全可见,你只需看看票据经纪商或银行家们的账本就可以了。他们的票据箱里总是装满了从那些利润最为丰厚的行业中所开立的票据,而在其他条件相同的情况下,相比较而言,却极少见到那些利润较低行业的票据。如果钢铁业不再像惯常那样有利可图，那么钢铁的销售数量就会减少；销量越少，票据就越少；于是，伦巴第街上的钢铁票据数量减少。而如果由于收成不好导致谷物贸易突然变得有利可图，就会立刻生成大量“谷物”票据，如果需要的话，可以拿这些票据去伦巴第街贴现。这样，英格兰的资金必将迅速流向那些最需要它们且能被派上最大用场的地方，这与水往低处流是一个道理。

这种效率高、反应迅速的机制使得我们在与那些不够先进国家的竞争中拥有了巨大的优势，这里所说的不够先进特指在信贷方面。在每一个新的贸易中，英格兰的资金都会迅速流向那些能够理解新的机会并能够好好利用这些机会的人。在那些借贷资金极度短缺和那些不但资金短缺且借贷遭遇抵触、过程拖沓的国家，一些有魄力的商人会长期受到压制，因为他们无法立刻融到资金，而如果没有资金的话，即使交易技巧高超且深谙交易之道也无济于事。于是，各种让人意想不到的贸易都会聚到英国来完成，这经常会导致一些违背常理的事情发生，也使得许多哲学家的预言失灵。苏伊士运河就是其中一个令人讶异的例子。人们普遍预测，苏伊士运河的开通将会使先前发现的绕道好望角抵达印度的航线被废止掉。在运河开通之前，所有来自东方的贸易品都会被运抵南欧的各个港口，然后再从那里发往欧洲各地。从地理的角度来讲，伦敦和利物浦成为东印度商业中心是很反常的，据说苏伊士运河的开通将矫正这种情况。M. 德 · 托克维尔（M. de Tocqueville）曾说：“如果说有人会使用苏伊士运河的话，那一定是希腊人、施蒂里亚人（the Styrians）、意大利人、达尔马提亚人（the Dalmatians）和西西里岛人（the Sicilians）。”但事实却恰恰相反，

这条运河的主要使用者居然是英国人。托克维尔所提到的这些民族都没有现成的资金——哪怕只是一丁点的资金——去建造大型螺旋桨蒸汽船，这种船是可以利用运河来谋利的。从根本上讲，这些看似合理的预测可能是对的，也可能是不对的，但就今天的情况来看，它们是相当错误的。之所以会这样并不是因为英格兰有很多富人——每个国家都有富人，而是因为英格兰拥有着举世无双的大量游资，而这些游资会迅速给那些窥探到巨大的新获利前景的商人带来帮助。

用欧洲大陆的话来说，这种无意识的资金运作机制不仅使英格兰人在把握新商机时相对于其欧洲大陆的邻居来说更为迅速，而且也能让他们留住那些他们以前就一直关心的贸易。继李嘉图之后，麦克库洛赫（Macculloch）* 也教导我们说，所有古老的民族在从事需要大量资金的贸易方面都有着特殊的天分。他还指出，在这些国家，资金持续不断地流向一些贫瘠的地区，使得资金的利息大幅下滑，因此在那些需要大量资金的贸易中，这些国家会比那些承担高利息的国家以更低的价格出售商品。毋庸置疑，这一理论颇有道理，但在现实中，只有在加上一定限制条件并配备一些推论的情况下它才适用，而这是早期的政治经济学家们没有充分注意到的。然而同样的道理对于英格兰来说显然几乎是完全适用的，因为它习惯于使用借来的资金。正如我们前面已经解释过的，一个有着很少一部分自有资金却有着很多外借资金的人相比于另

* 约翰·拉姆齐·麦克库洛赫（John Ramsay McCulloch）是一位苏格兰经济学家、作家和编辑。自 1823 年李嘉图离世之后，他担当李嘉图经济学派的领导者角色。麦克库洛赫是第一位被伦敦大学学院任命的政治经济学教授。——译者注

外一个比他富有但却仅仅依靠自有资金的人来说可以以更低的价格出售商品。这个富商人谋求的是他在贸易中所用资本的完全商业利润率，而这个穷商人则更关注他所用资本的利息(可能不及其所取得的利润的 1/3)，因此，某个水平的收入对这个穷商人来讲可能已经足够可观了，但对于这个富商人来说却足以令其感觉利润微薄以致退出贸易。人们普遍认为，英格兰将面临来自外国的新竞争，且这种竞争可能导致其陷入险境，从别的方面来看，这样的判断非常有道理，然而就我们上面所谈到的方面来看，就需要重新商榷了。英格兰有一种特殊的机制可以让满足于较低售价的财力不足的新商人参与贸易，这种机制很可能会确保英格兰取得商业上的成功，因为其他国家很难在较短的时间内有效地与之匹敌。

我们或许还能再拿出许多其他情况进行分析，但要把整个商业全景都加以详细阐述实在过于繁复且没有意义。主要的结论已经非常清晰，英国的贸易从本质上来讲已经演变为一种基于借贷资金的贸易；而且，只有通过完善我们的银行体系，我们才能从事我们所从事的这种贸易，我们也才能完成大量贸易。

然而，与这一体系所拥有的力量成正比的是它的脆弱性——如果我说风险的话也不算太过分。由于我们对这一体系非常熟悉，我们的双眼被蒙蔽了，无法看到其令人惊讶的本质属性。这个世界从来没有像今天的伦敦这样，把这么多借来的钱汇聚在一起。在伦巴第街所拥有的上百万英镑中，绝大部分以短期通知存款或即期存款的形式为银行家或其他人所持有。也就是说，这些存款的所有者可以在他们愿意的任何一天取回这些存款——在恐慌时期，确实有人取回了一些存款；如果这些资金中有很大一部分被要求取回，那么我们的银行系统和工业系统就将处于高度的危险之中。

在这些存款中，有些存款的性质很特别，相当与众不同。自普法战争*以来，我们比以往更加成为整个欧洲的银行，大量的外币基于不同的原因和不同的目的而存放在我们这里。而在恐慌时期，它们可能会被取走。1866 年，我们所拥有的外币数量相对来讲非常少，但就是那么一点钱还被要求取走，为了兑付这笔钱，我们付出了高昂的成本并遭受了极大的磨难；而如果现在要我们兑付我们手头所持有的比那时数额大得多的存款，而且我们手头依旧没有比那时更好的资源的话，那么情况将会更加糟糕。

可能有人会说，尽管我们的即时负债很多，但我们当前所拥有的应对方式也很多；尽管需要我们随时兑付的存款很多，但我们随时可用以兑付这些存款的资源也很多。然而恰恰相反，纵观历史和现在，世界上没有哪个国家的银行存款中的现金储备比例像英格兰现在的比例这么小。[①] 我们完全没有根据手头所拥有的现金数量的一个合理比例控制信贷，现金数量非常少，以至于当一个旁观者发现了现金那么少而其所支撑的信贷量竟然那么大时都会感到恐惧。

可能还会有人说，对于我们的信贷系统的规模及其所发生的变化我们不必感到忧虑，因为我们已经积累了经验，掌握了控制它的办法，并且总能审慎地对其实施管理。然而，实际上我们并非总

* 指 1870—1871 年普鲁士王国和法兰西第二帝国之间的战争。——译者注

① 参见附录 A。

能审慎地对其实施管理。奥弗伦-格尼银行(Overend, Gurney, and Co.)*就是一个令人震惊的反面例子。十年前,这家银行就坐落在伦敦金融城中的英格兰银行旁边;它在海外的知名度可能比任何一家类似的银行都要高,甚至高于那些纯英国公司。该银行的合伙人拥有大量的房地产,这些房地产大都是通过经营活动赚取的;他们甚至还从房地产中赚取了不少收入。然而,六年后,这些合伙人丧失了他们自己的全部财产,将其业务出售给了银行,而后,他们又将大部分的银行资金也都赔掉了。轻率而愚蠢的借贷行为是导致这一结果的罪魁祸首,人们普遍认为,在伦敦金融城里即便是一个孩子向外贷款,也会比他们做得好。经历了这一事件,我们千万不要太过相信我们长期以来建立起的这个信贷体系,也不要太过相信深深扎根的商业传统。我们必须认真审视我们所拥有的这些数额巨大的资金是被怎样的一个系统所操控,我们必须确保这个系统的安全性和适当性。

然而,要想唤起我们的银行从业者们这样的意识并不是一件很容易的事。他们对当前贸易的发展态势采取了放任态度,而当有贸易落到自己头上时,他们会利用这个机会赚取利润或力争赚取利润,并且他们不愿意考虑这些贸易的最终结果会怎样。尽管奥弗伦—格尼银行的轰然崩塌引发了一阵恐慌,但也开始逐渐为人们所淡忘。大部分的银行业人士都认为,“无论如何这个系统都不会在我所在的这些年头里出问题。它已经延续了许久,未来可

* 这是英国一家早期的银行,被誉为“银行家的银行”,在1866年,由于遭受挤兑而破产。——译者注

能还会依旧延续下去”。然而，关键的问题在于，这个系统其实并没有太久的历史。这样数额巨大的资金聚焦在一个地方的几家银行手里的情况以前从没有出现过。1844 年，伦敦的四家大型股份制银行所拥有的负债总额为 10,637,000 英镑，而现在这个数额已经超过 60,000,000 英镑。1844 年，英格兰银行的私人存款为 9,000,000 英镑，而现在则为 18,000,000 英镑。从全国范围来看，那时的存款数量仅仅相当于现在存款数量的一小部分。因此，我们不能仅凭经验就证明我们的体系在今天的安全性，因为这个体系当前所要应对的是一个全新的资金量级。显然，一个体系调节几百万的资金量可能非常得心应手，可当它被用于应对上千万的资金量时可能就会显得手足无措。而这可能就是伦巴第街所面临的情况：它的发展是如此地迅猛，而且它的业务性质是如此地史无前例。

我绝不是想危言耸听。尽管我们的银行体系有些稀奇古怪和与众不同，但我仍相信它是可以安全运转的；但如果我们真的想让它安全运转的话，就要认真对它进行研究。当我们面对一项困难的工作时，千万不要把它想象得太简单；同样，当我们生活在一种虚构的状态下时，千万不要以为是生活在一种自然的状态下。资金不会自我管理，伦巴第街有大量的资金需要管理。

第二章　伦巴第街概览

第一节

在伦巴第街及其周围的金钱世界里，你可以看到英格兰银行、私人银行、股份制银行以及票据经纪商。但在分别对它们进行介绍之前，我们必须先了解一下它们的共同之处以及它们之间的相互关系。

李嘉图说："银行家与众不同的职能始于他对其他人的钱的使用。"只要他使用自己的钱，他就仅仅是一个资本家而已。而伦巴第街的所有银行（从这个意义上来讲，票据经纪商也属于银行中的一类）都通过往来账户或储蓄账户持有大量属于其他人的金钱。用欧洲大陆的话来说，伦巴第街是一个信用组织。至于它是一个好的组织还是一个坏的组织，抑或更可能是一个好坏参半的组织（优缺点各是什么），我们将拭目以待。

一个信用体系区别于另一个信用体系的关键在于其"健全性"。信用意味着对他人表现出一定的信心和信任。这种信任是有道理的吗？这种信心是明智的吗？这两个问题是最为重要的。简单地说，信用是一系列的支付承诺；这些承诺会被信守吗？尤其是在有着大量“负债”或支付承诺，且在资金紧缺时偿付时间很短的银行业，拥有一种快速履约的能力是一个非常重要的优势。

为了能够偿还债务，银行家所需的就是该国拥有供给充足的法定货币，而无论这个法定货币是什么。不同国家有着不同的关于法定货币的法律，但从银行业的根本宗旨来讲，货币体系是什么并不重要。一个良好的货币体系会有益于这个国家，而一个不良的货币体系则会对这个国家造成伤害。银行家也会因所在国家银行体系的好坏而间接地受益或受损。但实际上，就其日常业务而言，他们根本没必要也确实没有考虑过货币理论问题。他们看待事物的方式很简单。他们会说：“我有义务支付这种和这些数量的法定货币；我的账户里还有多少这种货币，或者有多少这种货币可以立刻为我所用？”例如，在美国，对一个银行家来说拥有“绿背纸币”* 就足够了，尽管这些纸币的价值会随着政府发行量的增减而发生变化。一个明智的纽约银行家完全不需要考虑这一货币体系的利弊，他只需要拥有足够的绿背纸币去应付所有可能的资金需求，他就会相当安全，绝无破产之虞。

英格兰的法律规定，法定货币为金币和银币（银币的数量很少）以及英格兰银行券。但可流通的银行券数量并非像美国的“绿背纸币”那样，由国家的意愿所决定；它受到《皮尔条例》的限制。该条例将英格兰银行一分为二：其发行部只负责发行银行券，而且只能发行 15,000,000 英镑以政府证券为抵押品的银行券，如果超

* Greenback，美国政府在南北战争时期（1861—1865）为了筹集战争经费所发行的不兑换纸币。因背面为绿色，故名。——译者注

过这一数额则要有黄金储备做担保。让我们以英格兰银行的一个账目(1869年最后一周的账目)为例进行说明,该账目可以被认为是过去几年账目的标准样本。

一个遵循《1797年银行限制法案》*第32章规定的一个账目,到1869年12月29日(星期三)为止的一周的情况

发行部

已发行的银行券	33,288,640英镑	政府债务	11,015,100英镑
		其他证券	3,984,900英镑
		金币和金条	18,288,640英镑
		银条	—
合计	33,288,640英镑		33,288,640英镑

银行部

股东股本	14,553,000英镑	政府证券	13,811,953英镑
其他资本	3,103,301英镑	其他证券	19,781,988英镑
公共存款(包括财政部、储蓄银行和国家债务委员会)和股息账户	8,585,215英镑	银行券	10,389,690英镑
其他存款	18,204,607英镑	金币和银币	907,982英镑
七日期及其他票据	445,490英镑		
合计	44,891,613英镑		44,891,613英镑

首席出纳　吉奥·福布斯

1969年12月30日

* 原文为 the Act 7th and 8th Victoria,该法案通常被称为 Bank Restriction Act of 1797,即《1797年银行限制法案》。——译者注

从上表中我们可以看到，以证券作为抵押品的银行券有15,000,000英镑，而由金银所担保的银行券有18,288,640英镑。根据法律规定，除了这两种方式外，英格兰银行无权以其他方式增加货币的数量。它持有规定数量的证券，而在此之外再想发行银行券则必须以金银做担保。这是一条“硬性”规定——是一条“标准线”，反对1844年条例的人认为它会毁了我们，而支持该条例的人则认为正是它拯救了我们。但在这里，我不打算就其是否合理做出评论。我所关心的问题在于我们的纸质“法定货币”即我们的银行券只能依上述方式发行。因此，如果一位英格兰银行家根据他所持有的负债额的适当比例保留了一定数额的英格兰银行券或铸币，他便拥有了数量充足的英国法定货币，无须再考虑其他任何事情。

但在这里我们必须做一个区分。应该注意的是，准确地说，我们不应该把某家银行因日常业务而持有的法定货币或现金包括在这家银行的“准备金”里。它就如同银行的前台和办公室一样，属于银行的一种日常营业设施；或者不管使用什么词来描述它，我们都应该把存放于银行金库中以备每日所需的这部分现金，同银行所持有的那种用于满足一些不频繁发生的异常需求的安全基金（我们可以这样称呼它）仔细区分开来。

那么按照这一初步的解释，我们的银行为应对其负债而应持有的法定货币的数量是多少呢？答案非常重要，它对于我们的整个体系来讲相当关键。大致上可以这样说，除了英格兰银行的银行部以外，无论伦敦内外，都没有一家银行持有可观数量的现金或法定货币。1869年12月29日，英格兰银行银行部所持有的负债如下：

公共存款	8,585,000 英镑
私人存款	18,205,000 英镑
七日期及其他票据	445,000 英镑
合计	27,235,000 英镑

而它拥有的现金储备额为 11,297,000 英镑。我们必须牢记，这是英格兰银行的银行部（我们笨重地称其为为了银行业目标的英格兰银行）依据法律所持有的全部现金储备。该部门同其他任何一家银行一样，都不能增发银行券。在 1869 年 12 月 29 日那一天，英格兰银行的金库里只有 11,297,000 英镑的现金，而其负债几乎是现金储备的三倍。它还持有“统一公债（Consols）”* 和其他证券，无疑，它可以将这些证券卖掉；而如果将这些证券卖掉就会增加银行券的供给。这些证券与实际现金之间的关系我们待会儿就会讨论到；而就银行的银行这一职能来讲，英格兰银行已经拥有了这么多数量的实际现金，不会再增加了。

而如果我们考察其他银行的现金头寸，我们可能会觉得英格兰银行所拥有的现金数量很大。没有其他一家银行会在其日常所需之外，将数额可观的现金存放在其金库里。伦敦所有的银行都要将其主要的准备金存入英格兰银行的银行部。这是它们可以选择的最为方便和安全的地方。于是，英格兰银行相应地就有了照管好这些资金的责任。就和一个人愿意把钱存入银行的理由一

* 指英国政府于 1751 年开始发行的一种没有到期日的特殊债券，英格兰银行保证对该公债的投资者永久地支付固定的利息。——译者注

样，每家银行也愿意将其准备金存入另外一家银行——只要这么做是安全的。保管数额巨大的现金需要投入很多精力，也需要投入一些成本；因此每个人都希望在不会给自己造成什么损失的前提下，把这种精力和成本的耗费转嫁给他人。于是，那些完全信任英格兰银行的伦敦其他银行，就会让英格兰银行来替它们保管其准备金。

伦敦的票据经纪商大体上也是这么做的。实际上，他们是一类会根据存款额按日付息、将其大部分资金用作担保的特殊银行家。但在这里我们并不关注这些细节上的差异。票据经纪商会将其大部分的资金贷出去，剩下的则存入英格兰银行或伦敦的某家银行。而伦敦的那家银行会选择将一定数量的资金贷出去，其余部分则存入英格兰银行。最终，这些资金总是会回到英格兰银行。

但那些将巨额现金存入银行的人其实是以承担一定的风险来换取这种便利性的。如果银行破产的话，他们就可能会损失掉这些存款。同样的道理，由于其他银行将它们的准备金存放在英格兰银行，一旦英格兰银行破产，这些银行可能也会破产。在遇到困难或发生危机时，它们要依靠英格兰银行的管理能力，因为它们存放在英格兰银行那里的多余资金就是为了应对困难或危机时期的。发生危机时，这当然存在着巨大的风险。由于银行部无钱可用，《皮尔条例》被破例了三次。在条例被破例前，银行部所持有的现金头寸分别降到了 1847 年的 1,994,000 英镑、1857 年的 1,462,000 英镑和 1860 年的 3,000,000 英镑。

实际上，如果《皮尔条例》没有被破例的话，那么英格兰银行银行部是不可能挨过上述三次危机中的任何一次的。

我们千万不要认为，危险是不真实的，是虚构的，是法律所造成的。如果我们这样想，那就的确存在危险，因为我们都听过废除一项法律可以将危险排除掉；但其实，同样的危险在《皮尔条例》实施之前就已经存在了。1825 年，当时只有铸币是唯一的法定货币，英格兰银行也只有一个部门，而这一年它的准备金数额却降到了 1,027,000 英镑，差一点就面临停止支付的窘境。

但是，存款银行所面临的危险并不是伦敦银行准备金的这种保管模式所带来的唯一或主要的后果。其所导致的最主要后果是使得准备金与负债的比率要比不采用这种模式时小得多。伦敦的银行把准备金存放于英格兰银行，而英格兰银行通常会将其中的绝大部分贷出去。假设银行部将其负债的 2/5 以现金的形式持有，也就是说将其存款的 3/5 贷出去，仅保留 2/5 作为准备金。也就是说，如果当时伦敦的银行存放于英格兰银行的准备金为 5,000,000 英镑，则银行部会将其中的 3,000,000 英镑贷出去，而将 2,000,000 留在金库中。因此，这 2,000,000 英镑才是根据那些存款银行的负债而实际保有的现金数量。如果伦巴第街突然陷入了一场债务清算之中，被迫立刻尽其所能地向存款银行进行偿付，那么这 2,000,000 英镑将是英格兰银行所能拿出的全部数额，因此也将是那些存款银行一时之间所能支付给其存款客户的全部数额（除了存放于自己金库里的少量现金外）。

我们会发现英格兰银行所保有的准备金——现在，平均每年约为 10,000,000 英镑，以前比这还要少得多——就是为应对伦巴第街的负债所持有的全部准备金。如果真是这样的话，我们可能会惊讶于我们的信贷体系的巨大发展——简单地说，我们会惊讶

于我们的即期应付债务规模居然如此庞大，而我们所持有的用来满足随时可能提出的提现需求的实际资金数量却是如此之少。然而，情况还不止如此。伦巴第街不仅是一个要求保留准备金的地方，而且这些准备金也恰恰就保存于伦巴第街。所有的乡村银行都将其准备金存于伦敦，它们在各自的村镇仅保留用于满足日常业务经营所需的最低数额的现金。长期的经验已经让它们准确地知道这个最低数额应该是多少，它们不会让多余的钱闲置下来，因为那是一种资源的浪费和利润的损失。它们会把钱送往伦敦，将其中的一部分投资于证券，并将其余的部分存放在伦敦的银行和票据经纪商那里。苏格兰和爱尔兰的银行也有类似的习惯。它们也把闲置资金存放在伦敦，并像现在伦敦的其他所有资金一样用于投资；因此可以说，英格兰银行银行部所拥有的准备金不仅是英格兰银行的准备金，而且也是伦敦所有银行的准备金——甚至不仅是伦敦所有银行的准备金，而且也是英格兰、苏格兰和爱尔兰所有银行的准备金。

最近，我们的负债数额又有了进一步的增长。自普法战争以来，我们可以说也保管了欧洲大陆的准备金。欧洲大陆的存款业务规模实际上非常小，因此并不需要保留大量的准备金。英格兰和苏格兰所需要的那类准备金在国外并不需要。但是，所有大的地区都有可能在某个时候需要支付大额现金，而某个地方必须要持有这些现金。以前，欧洲有两个地方可以存放这些现金，一个是法兰西银行，一个是英格兰银行。但自从法兰西银行暂停铸币兑付后，其作为铸币库的职能也就宣告结束。没有人可以向其开具支票并确信能用那张支票兑取金银。于是，这类现金支付的国际业务的整个责任就都被抛给了英格兰银行。毫无疑问,外国人不可能从我们这取走属于我们自己的钱。要想从我们这里取走资金,他们必须把某种形式的等价物送到我们这里。但他们不必送来现金,他们可以把优质票据送来并在伦巴第街上将其贴现,然后以金银形式将部分或全部的贴现所得取走。换句话说,所有的汇兑业务都日益向伦敦汇聚。以前,从很多意义上讲,巴黎都是欧洲的一个结算中心,但今非昔比。其实,法兰西银行的银行券并没有贬值到已经扰乱了正常交易的程度,但任何贬值,无论其程度多么小——甚至是没有实际发生的贬值倾向——都足以扰乱汇兑交易。汇兑交易计算的精确度使得一个微小的变化都可能是致命的,也可能会由盈转亏。于是,整个欧洲就只有伦敦这么唯一一个大型汇兑交易结算中心,而不再是先前的两个。伦敦很可能会将这一优势一直维持下去,因为它是自然形成的。在伦敦结算的商业票据数量远远超过在其他任何一座欧洲城市结算的商业票据数量。伦敦收到和兑付的票据都要多于其他任何地方,因此它成为了一个天然的"票据交换所"。以前的巴黎之所以拥有这样的优势在一定程度上是源于政治权力的分配,如今这已经被打破;伦敦依靠的则主要是有序的商业程序,而这是非常稳定、很难改变的。

既然伦敦对于其他国家来说是一个清算中心,那么它对其他国家也就有了一个新的责任。无论哪个地方,总会有许多人进行支付交易,因而那里的人们就必须持有现金。如今,对于整个世界的商业来说,将大量外币存放在伦敦是非常必要的。在法国向德国支付巨额战争赔款期间,大量外币从巴黎向伦敦转移,伦敦的存款数额大得或许有些异乎寻常。不过,未来这将是一种常态。毫无疑问，当前的政治环境将很快发生变化。不久，伦巴第街所持有的外国政府资金将大幅缩减；但我们将拥有越来越多的私人存款，因为结算中心所拥有的用于结清贸易差额的存款必然会随着贸易本身的增长而增长。

这类外国存款显然具有一种微妙和特殊的性质。它依赖于外国人对我们的好感，那种好感可能会逐渐消失甚至转变为坏印象。在 1866 年的恐慌之后，尤其是在《皮尔条例》被破例（许多外国人误将这一举措等同于暂停现金支付）后，大量外国资金从伦敦撤走。我们有理由这样认为，外国人在伦敦的存款越多，英格兰遭到挤兑和经受灾难的概率就会越大。

如果挤兑行为真的发生了，就必须从英格兰银行提取用于应对挤兑的黄金。在英国，再没有其他地方拥有这么大规模的黄金储备了。大的汇兑交易商出于自身考虑可能会储备一些黄金，但他们的储备量与英格兰银行的储备量相比就不值一提了。如果一位外国债权人非常仁慈，愿意等到有黄金流入英国之后再提取他的黄金，那么他就可以在不扰乱英格兰银行或货币市场的情况下得到支付。德国政府近来就扮演了这样一个仁慈债权人的角色，因为它毫不担心。然而，一个感到恐慌的债权人是不会等待的，如果他急于取走自己的黄金，他一定会去英格兰银行。

因此，我们的整个信贷体系都有赖于英格兰银行的安全性。英格兰未来是否拥有偿债能力也取决于这家股份公司董事们的智慧。这看起来似乎很强大，实则不然。所有的银行都要依靠英格兰银行，而所有的商人都要依靠他的存款银行。假设一个商人在他的银行那里存了 10,000 英镑，而某天他想把这 10,000 英镑支付给德国的某个人，只有他的存款银行能够拿出这笔钱来，他才能完成这一支付行为，而如果英格兰银行陷入了困境，不能动用它的准备金，那么这家银行也就不能满足存款人的提款要求。

因此，英格兰银行的董事们即使名义上不是，实际上也是受公众的委托代表公众来保管银行准备金的。人们很自然会认为：要么是他们清楚地意识到了自己的职责并全身心地履行这一职责；要么就是他们自身的利益极大地牵系于此，因此无须他们做出承诺。但英格兰银行的董事们远没有把这当作一项界定清楚的职责来履行，他们中的很多人几乎不承认这一职责，而有些人完全否认这一职责。汉基(Hankey)先生是英格兰银行做事最为细心、经验最为丰富的董事之一，他在他的一本关于英格兰银行的著作(这本著作是目前最好的一本描述英格兰银行的操作实务和运营情况的书)中说："在本书中，我不想赘述有关英格兰银行(指银行部)的一般管理问题，因为就我所了解的情况来看，其业务经营的指导原则与伦敦任何一家运转良好的银行都没有什么区别。"但是根据公布的数据大家都能看到，英格兰银行的银行部所持有的以银行券和铸币形式存在的巨额准备金约为其负债的30%—50%，而其他银行所持有的这类准备金数额则仅仅是维持其运营的最低水平。我认为，这样一个持续存在的差异表明，英格兰银行与其他银行的管理准则是不一样的。

众所周知，英格兰银行的业务实践已经得到很大程度的改善。他们目前的管理方式不同于伦巴第街上的其他任何一家银行。他们持有的准备金的种类和数量也不同于其他银行。但是，尽管业务实践得到了改善，业务理论却没有变化。英格兰银行的董事们从来没有通过,也从来没有向公众传达过一项截然不同的决议,哪怕是以最普通的方式向公众表明,他们打算或不打算持有多少准备金,以及在准备金这个重要的问题上他们所采取的指导原则是什么。

英格兰银行董事们的地位其实是非常特殊的。一方面,整个伦敦金融城——也可以说是全体国民,因为这个国家的国民已经从多次的恐慌经历中吸取了很多经验教训——都要求他们持有大量的准备金。代表全体国民的报纸总是警告他们要持有大量准备金,而且它们还会监督他们是否真的这么做了。但从另外一方面来看,还有一种不太明显但同样持续存在的力量将这些董事们推向一个正好相反的方向,使他们产生缩减准备金规模的倾向。

为股东带来不菲的红利是董事们非常自然的愿望。在其他条件都不变的情况下,闲置资金越多,红利越少;而闲置资金越少,红利越多。几乎每次的英格兰银行股东大会都会就这一主题进行讨论。有位股东曾说,他实在不理解为什么有这么多钱处于闲置状态,并暗示红利应该更多些。

其实,也难怪英格兰银行的股东们对其财务状况表示不满。他们的银行是这个城市中最古老的银行,但它的利润却没有持续增长,而其他银行的利润却在飞速增长。1844 年,英格兰银行每股红利率为 7%,股价为 212 英镑;而当前的红利率为 9%,股价为 232 英镑。在同一时期,伦敦威斯敏斯特银行(the London and Westminster Bank)尽管进行了一次 100%的增资扩股,然而其股价却从 27 英镑上涨到 66 英镑,红利率也从 6%上涨到 20%。英格兰银行的股东不愿意看到其他公司变得比他们自己的公司更富有是非常自然的事情。

造成英格兰银行的红利率低以及由此而导致的股票价值也相对较小的一部分原因无疑是英格兰银行的股本规模,但最主要的原因还是在于英格兰银行银行部持有大量闲置资金——不生息的现金。如果我们拿伦敦威斯敏斯特银行与英格兰银行做比较的话,就会立刻看出它们两者之间的差异。伦敦威斯敏斯特银行在公众心目中是股份制银行的翘楚,且以非常审慎、稳健的管理而著称。它的负债仅有13%处于闲置状态,而英格兰银行的银行部则有超过40%的负债处于闲置状态。资金管理上如此巨大的差异必然会,而且也确实导致了两家银行在利润上的巨大差异。英格兰银行的股东们当然不喜欢这种差异,他们会一直敦促他们的董事们尽可能地缩减无收益的准备金,并尽可能地增加他们的红利。

在大多数银行中,都存在着一种有益的忧惧感,这种忧惧感抑制了股东减少准备金的欲望;股东们都比较担心银行的信用受损。然而,却没有人对英格兰银行产生过任何担忧,这也许是件幸运的事,也许是件不幸的事。至少,全英国都相信它是不会破产的,或几乎不可能破产。而实际上,自1844年以来,英格兰银行银行部已经接受了三次援助;如果没有这些援助,它可能已经破产了。在1825年,全民的担忧情绪几乎使得英格兰银行暂停现金支付;而在之前的1797年,这样的事情则实际发生了。然而,人们却违背经验,并且无视英格兰银行也存在巨大风险的各种证据,依然对其笃信不疑。无疑,在上述这些年份中,从某种意义上来讲,英格兰银行(无论是分开看还是合在一起看)都处于一种非常健康的状况下。最终它还是能够偿还所有债权人的资金,并向其全部股东返还他们的本金。但最终偿还债款并不是英格兰银行的债权人想要的，他们想要的是即期付款，而非延期付款；他们想要按照合同的约定得到偿付：合同规定，在他们需要资金时，英格兰银行应该立即付款，否则他们可能就会破产。然而，在上面我所谈及的那些年份里，英格兰银行根本不可能做到即期付款。但在伦敦，从来没有人想到对英格兰银行的信用提出质疑，而英格兰银行也从来没有想过它自己的信用会处于危险之中。不知何故，每个人都觉得英格兰银行一定会平安无事。1797 年，当它的可用资金所剩无几之时，政府宣布，英格兰银行不仅不必将其剩余资金用于偿付，而且还禁止它那样做。《皮尔条例》被破例的"许可证效应"则证实了公众的判断，即政府在背后力挺英格兰银行，并会在其需要时伸出援手。而无论是英格兰银行还是其银行部都从来没有想过自身会被迫"陷入清算的境地"，他们中的大多数人宁愿相信英国会"垮掉"。

从那以后，英格兰银行便没有了那种令其他银行保留大量准备金的长久的忧惧感，那种对于丧失信誉的忧惧感。其实，英格兰银行的管理者们本身应该对保留一部分准备金非常感兴趣，而且应该对此特别擅长，这是非常必要的。然而，管理好银行并不是攸关英格兰银行董事们的个人财富的事情。这些董事们都是伦敦金融城的富商，与他们其余的财富相比，他们牵系于英格兰银行的这点利益根本不值一提。即使英格兰银行最终破产，他们也几乎感受不到个人财产上有什么太大的变化。而且，这些董事们并不是训练有素的银行家，他们没有受过商业领域的专业训练，通常也不会把他们的主要精力投入到这一领域。他们是商人，他们把大部分的时间和精力都用于经营自己的生意和为自己赚钱上了。

人们或许认为，由于英格兰银行银行部被赋予了上述具有重大意义的公共职责，政治家们（如果不是议会本身的话）会要求它履行这一职责。然而议会并没有为此出台明确的决议，也没有哪个有影响力的政治家从只言片语中表达出这种态度。恰恰相反，从罗伯特·皮尔爵士*（Sir Robert Peel）到洛（Lowe）先生在内的一群权威人士这样说道，英格兰银行银行部只不过是一个同其他银行一样的银行，是同其他公司一样的一家公司；就这一方面而言，它并没有什么特殊的地位，也根本不应承担任何公共职责。如果被问及有关英格兰银行银行部管理的话题，90%的英格兰政治家都会回答说，这根本就不关他们或者议会的事；英格兰银行银行部应该自行决定。

这就带来了这样一个结果：我们把我们全部银行准备金的保管任务排他性地交给了一个并没有为承担这一职责而接受过培训的董事会手中——这些董事可以被称作是“业余选手”；他们并不比其他人更关心维持准备金不减少这个问题；他们不承认自己负有维持准备金不减少的职责；他们也没有被任何有影响力的政治家或公众权威告知要他们维持准备金不得减少或者要他们用这些准备金做什么；他们是由那些如果准备金减少就能获得更多收入的股东所任命的，并且是股东的代理人；他们不担心破产，也不必担心破产，即使准备金被浪费和消耗殆尽。

* 罗伯特·皮尔（1788—1850），英国政治家，于1834—1835年和1841—1846年两次担任英国首相。——译者注

第二节

正如我们所知，这些准备金是用来应对突然的和非预期的资金需求的。如果公众对一个国家所有银行的资金需求远多于平时，银行就必须要求助于这一准备金。那么，这些额外需求是什么呢？这些额外的准备金应如何被使用呢？宽泛地说，这些额外需求分为两类：一类需求来自国外，即为了偿还大量外债所必需的对外支付；另一类需求来自国内，即应对任何方式引起的突发性惊慌或恐慌，无论是理性的还是非理性的。

没有国家像英国这样要用其银行准备金来满足外国资金需求，这不仅因为英国目前是外国的主要贷款人，也（更主要地）因为从没有哪个国家如英国这般在种类繁多的商品上拥有如此大规模的对外贸易，而且其贸易遍布全世界。一个国家通常的对外贸易是不需要现金的，出口可以平衡进口。但是，一次意外的进口贸易，如歉收之后进口外国谷物或者（虽然不常见，不过也存在这种例子）某一重大出口贸易的中止，会导致贸易逆差，此时就必须要用现金支付。

现在，在那些银行业得到长足发展的国家，唯一能够提取大量现金的来源就是准备金。在英国尤其如此，除了黄金贸易商在其开展业务的过程中持有少量的现金以外，在银行系统外的现金数量不值一提；一个普通人如果不去银行的话，即使他花上一个月去尽力筹集资金，也几乎进行不了大额支付。所有想要进行大额现金支付的人都必须依赖准备金。但是，什么是“现金”呢？在一国之内，政府的行为能够确定其数量，并从而确定该国通货的价值；但是在本国以外，没有政府可以这样做。黄金是国际贸易的“现金”；纸币在此就毫无用处，而铸币只能根据它们所含有的黄金量进行流通。

当一个国家的法定货币是纯金属货币时，银行就必须持有这种法定货币的充足储备。但当法定货币是部分金属货币和部分纸币时，那么纸币的法定货币银行券就必须是可兑换成黄金的。如果我要开始讨论可兑换性的条件这一问题，那么在此我就要越过自己的界限，而开始讨论《皮尔条例》的理论。我只讨论有效对外支付的首要问题——本国法定货币的充分供给量：至于后续问题，即本国法定货币兑换成一般可接受商品的变化问题，我不进行讨论。

目前我要处理的问题已经足够多了。如果法定货币能够用于对外支付，那么英格兰银行就必须储备法定货币，如果它不能用于对外支付，那么英格兰银行就要用它们来获得黄金。此外，有时对外支付的金额非常庞大，并且常常是突然发生的。人们所称的“棉花事件”——在美国内战时期，为了购买印度棉花而使得很多美元流向了东方——使得这个国家连续数年流出了数百万美元。糟糕的收成会导致一年之内外流数百万英镑。为了筹集如此巨额的资金，英格兰银行必须稳定地使用一种有效的手段。

这种手段就是提高利率。经验证明，如果利率提高了，那么资金确实会流向伦巴第街，而理论表明它就应该流向伦巴第街。为了充分解释这一问题，我必须深入阐述汇兑理论，但是，一般概念亦相当充分。和其他所有商品一样，可贷资本会流向最需要它们的地方。只要伦巴第街的利率表明这里的资金有利可图,那么欧洲大陆的银行家和其他人就会立即将大量资金投向这里。当英国信用良好时,伦巴第街货币价值的提升会立刻通过银行运作而使资金流向这里。此外,较为缓慢的商业运作也会产生这种效果。贴现率的提升会迅速作用于这个国家的贸易上。该国的物价会下跌,结果便是进口缩减,出口扩增。因此,在利率较之从前有所提高后,黄金差额流向该国的可能性就更高了。

在任何国家,不论是谁——一家银行还是多家银行,如果它们持有该国的准备金,它们都应该在外汇逆差出现之初就立刻提高利率,以防止它们的准备金进一步减少,而且应通过输入黄金来补足准备金。

直到大约 1860 年,英格兰银行都根本没有履行这一职责,接下来我将对此进行进一步的阐述。我们几乎不能找到比英格兰银行在 1819 年(该年,英格兰银行恢复了现金支付,可以说这是现代货币市场的开端)和 1857 年之间为了维持准备金水平并控制资金外流所进行的尝试更悲惨的历史了——如果它们确实能被称作是尝试的话。1857 年的恐慌第一次教会了英格兰银行的董事们要变得聪明,也使他们转而采取稳健的原则。英格兰银行的现行政策是 1857 年以前政策的不断完善:绝不能将这两种政策相混淆;然而,正如我将要说明的那样,现行政策仍有诸多缺陷,在这一政策成为其理应成为的样子之前,还要进行许多讨论并做出很多努力。

资金内耗是非常不同的情况。这种消耗源于国内信用的混乱,而应对它的难度会更大一些,因为它经常是由资金外流引起的，至少常常是因资金外流而加剧的。公众之所以多次感到恐慌主要是因为他们看到银行储备已然很少，而且它正在日益变少。两大弊病——资金外流和资金内耗——经常同时侵袭货币市场。那么，我们应如何治愈它们呢？

与最初我们认为所应该采取的措施相反，对于持有准备金的一家或多家银行来说，应对由国内失信所引起的资金消耗的最佳方法就是自由放贷。每个人的第一反应与此正相反。如果对你想要保留的资金存在大量需求，保留它的最显著方式就是将其囤积起来——尽你所能地筹集资金，并且即使你能提供帮助也不贷出一分钱。但是，每一个银行家都知道这并非缓解失信行为的方法。这种失信意味着，“人们认为你没有资金”，为了消弭这种观点，如果可能的话，你必须表明你拥有资金：你必须为了公众利益而使用资金，以使公众知道你拥有资金。节约和积累资金的时代已经过去。一个优秀的银行家会在平常时期积累准备金而在非常时期运用它。

通常，失信行为最初并不会只发生在任意一家特定的银行身上，更不用说它一开始就会集中于持有主要现金储备的一家或多家银行身上。这些银行几乎肯定是信用最好的银行，或者它们不会成为失信行为的靶子，由于拥有准备金，它们很可能看起来会比其他任何银行都更加强大。最开始，初期的恐慌就是一种模糊的谈话：A 还像从前一样好吗？B 是否出现了资金亏损？众多诸如此类的问题。一百个人被议论起来之后，就会有一千个人想：“我是否也被议论了？”“我的信用还像从前一样好吗，还是不如从前了？”随着恐慌的加剧，每天这种飘忽不定的怀疑都会变得越来越强烈，扩散得越来越广泛；它侵袭到更多的人，也比最初更恶毒地伤害到所有人。因而，在恐慌的初期阶段，所有富有经验的人都会尽力采取所谓的“内部强化”措施；当他们能够借钱时，他们会借入资金；他们去自己的银行那里贴现票据，而在平时他们不会连续数日或数周去贴现。如果这个商人是一位老客户，那么银行就不会拒绝贴现，因为如果它这样做了，它就会被说成或可能被说成是资金短缺，从而会把恐慌吸引到自己身上。不但是商人，而且是所有欠债——现在要偿还或很快要偿还的资金负债——的人所欠债务越多，想要“内部强化”的愿望就越强烈。被称作信贷中的辅助交易商的情况更是如此。在任何银行体系下，在主要的一家或多家银行（它们持有准备金）周围总是围绕着一群规模较小的资金交易商，他们注视着票据的微小变化，窥视着业务繁忙的银行们无暇顾及的特殊证券，并由此而得以生存。随着业务的增长，这类辅助经纪商的数量也会增加。各种放贷模式都有其各自的特点，那些只以一种方式放贷的经纪商能够更安全地贷出资金，因而贷款利息也就更低。在恐慌时期，这些辅助的资金经纪商总是要求助于大经纪商。在平时，这两者之间的交往很可能就已足够密切。小经纪商很可能习惯于将其自己的证券以低于自己放贷利率的价格抵押给大经纪商，并把所得资金再次贷向市场。他的时间和才智就是他的主要资本，他想一直使用它们。但是在恐慌初期，小资金经纪商总是会变得惊慌。他的信用从来都不是十分稳固的或相当广泛的。他总是担心普遍流传的怀疑会落在自己头上，通常也确实如此。因此，他向大经纪商申请贷款。为数众多的此类经纪商会向所有的大经纪商（那些拥有资金的经纪商）即准备金持有者申请

贷款。此时，摆在大经纪商面前的显著问题就是："我们如何才能最好地保护自己？无疑，这些次级经纪商的即期贷款惹人生厌，但是如果我们拒绝贷款是否会更加危险呢？恐慌因其催生因素而加剧；如果它吞噬了这些次级经纪商，我们这些一级经纪商是否还会安全呢？"

总之，恐慌就是一种神经痛，而根据科学原理，你又不能将其治愈。现金储备的持有者们不仅要为其自己的负债而持有准备金，而且要最大限度地用这些准备金为其他人的负债提供贷款。每当抵押证券足够优质时，他们就必须贷款给商人，给小经纪商，给"这类人和那类人"。在恐慌的大肆蔓延期，一次破产会引发数次破产，而防止衍生破产的最佳方法就是阻止引发衍生破产的原始破产。通过发放贷款而遏制了1825年恐慌的方式已被如此广泛而生动地描绘出来，从而使这段历史成为经典。代表英格兰银行的哈曼(Harman)先生说："我们通过每一种可能的方式以及之前从未采用过的方式发放贷款。我们吸收股票，我们购买国库券，我们发放国库券抵押贷款，我们不仅毫无保留地进行贴现，而且还发放了巨额的汇票抵押贷款。总之，我们采取了符合英格兰银行安全原则的所有可能措施，因而有时我们就不会太过讲究方法了。看到公众们正处于水深火热之中，我们尽了一切力量来施以援手。"在这一声明发表后的一两天，整个恐慌平息下来了，伦敦金融城也变得十分平静。

应对恐慌的问题不应该被认为主要是"银行业"的问题。它首先是一个商业问题。所有商人都身背负债；他们要兑付即将到期的票据，而他们只能通过向其他商人贴现票据来进行兑付。换句话说，所有的商人都要依赖借款，而大商人要依赖更多的借款。在出现最轻微的恐慌症状时，许多商人想借入比平时更多的资金；他们认为在应对他们票据支付的方式仍可获得时，要为自己准备好这些支付方式。如果银行要使商人们感到满意，它们就要在自己最不愿贷款的时候提供大量的贷款；如果它们不能使商人们满意，就会引起恐慌。

从表面上看，所有这些似乎都存在巨大的矛盾。首先，你要在某家或某几家银行存储一定数量的准备金；你把这家银行或这几家银行视为一种最终国库，它们存储和保管着本国最后的资金。然后，你会说这个最终国库也是最终贷款机构。它的贷款不受约束，或者说，当没有其他人提供贷款时，无论利率高低，它都要发放贷款。这似乎是在说：首先，这一准备金应该被保留起来；然后，它又不应该被保留起来。但是，这一问题并无令人疑惑之处。一国的银行最后准备金不是出于炫耀而被保留的（不管是谁保管着这一储备），而是出于某些至关重要的目的而被保留的，其中的一个目的就是应对由国内恐慌所引起的现金需求。我们在特殊情况下应该贷出最终储备并非没有道理；正相反，我们保留这一准备金的目的正是要在特殊情况下将其贷出。

当把它归纳成抽象原理，这一问题就是这样。一次“惊慌”就意味着当债权人要求偿还债务时，某些人的资金无法偿还债务。如果使这些人能够及时偿还他们的债务，这次惊慌可能就以最佳方式得以平息了。为了实现这一目标，只需少量资金。如果惊慌不能以这种方式平息，它就会演化为恐慌，而恐慌意味着大多数的人，或者非常多的人都不能偿还他们的债务；恐慌只能通过使所有人都能够偿还他们债务的方式得以平息，而这需要大量资金。除了准备金的持有者以外，没有人有足够的资金，或者类似足够的东西。

并不是说持有准备金的各银行这样提供帮助就必然会减少准备金。通常，恐慌会波及持有准备金的一家或数家银行，但并不会对其伤筋动骨。在这种情况下，如果处于支配地位的一家或多家银行（如果可以这样说的话）能够为那些需要信用的人提供信用担保，那么就能够应对恐慌。在我们的现行体系下，一个商人或银行家获得贷款后把他的贷款记在英格兰银行的名下，这通常就足够了。他也许从来都没有用这笔贷款开过支票，或者即使他开过支票，这张支票也会再次成为其他某个会把它留在自己账户中的客户的贷款。在这样的时期，贷款的增加常常意味着英格兰银行负债的增加，而非其准备金的减少。就在 1844 年以前，如 1825 年那样，银行券的发行平息了一次纯国内的恐慌，但并没有减少黄金储备。银行券发行出去了，但并没有回笼。它们作为贷款发行给公众，但公众并不需要更多；人们从未要求将它们兑现，也从未要求过对它们提供金币保证。但是，在一个惊慌不断加剧的时期，承担巨额债务即使不像等额的现金贷款那样糟糕，也是一个较为糟糕的问题。在任何时候，都可能有现金需求。如果恐慌不断蔓延，那么就需要现金，准备金就会因此而缩减。

最终，很可能所有的预防措施都会失效。李嘉图曾说："在异常情况下，当每个人都渴望自己拥有贵金属，把它们作为储存或窖藏财产的最便利手段时，一场普遍的恐慌将会笼罩全国——在任何体系下，银行都无法保证能够应对这样的恐慌。"持有准备金的银行可能会比其他银行坚持的时间更长一点；但是，如果恐慌超过了一定限度，它们也必然会荡然无存。信贷的作用在于它可以使债务人能够使用债权人借给他们的一部分资金。如果所有债权人同时想收回所有资金，这是无法做到的，因为债务人使用的那部分资金此时正被占用着，是不可获得的。在借助信用的有利之处时，我们也必须注意到它的不利之处；但是，为了尽我们所能地削弱信用的不利之处，我们必须保留大量始终可用的准备金，并且在恐慌期或惊慌初期能够非常自由地将其贷出。

货币市场的管理更为困难，因为正如已经说过的那样，国内恐慌和外国资金需求常常同时发生。资金外流会掏空英格兰银行的备用资金，备用资金空虚和由此引发的贴现率上升会引起市场恐慌。因此，准备金持有银行要同时治疗两种相反的弊病——一个需要紧缩银根的疗法，尤其需要快速提高利率；而另一个需要发放大量预期贷款的姑息疗法。

在我们拥有许多具体经验之前，要想为这一复合疾病开出药方并非易事。我们首先要关注资金外流的问题，并把利率提高到必要的水平。除非你能中止对方出口，否则就不能减轻国内的惊慌。英格兰银行会日益贫弱，其准备金的减少将会延长或复燃这种恐慌。此外，如此提高利率之后，银行最后准备金的持有者——不管是一个还是多个——都必须自由放贷。当资金外流混加到资金内耗之中时，以极高利率贷出非常多的贷款就是治愈货币市场最糟糕弊病的最佳疗法。任何不能筹集到资金或以任何价格都无法筹集到资金的想法都只会将惊慌升级为恐慌，将恐慌演化为疯狂。但是，尽管道理简单明了，仍需要最高的精确度和最富经验的判断力来同时应对如此严重和相生相克的弊病。

并且，虽然这个问题在所有国家都是如此地棘手，但在英国它比以往或比在其他任何地方都更加难以应对。恐慌引起的银行最后准备金的紧张程度与一国的商业规模及附属银行——不持有现金储备，围绕在中央银行周围的银行——的数量和大小是成比例的。我们的体系在这两方面都造成了巨大的紧张。我们商业的规模，以及依附于英格兰银行的银行数量和规模都是无可置疑的事实。在我国，身背巨额负债的人远多于任何国家的任何时候。在每次恐慌的初期，所有身背巨额负债的人都会尽力在自己能够还债时为自己准备好各种还债手段。这就造成了对新贷款的巨大需求。由于远远不能满足这种贷款需求，那些没有保留额外准备金的银行就会在当时大量举债或者不再延长大额贷款的期限——银行很可能会同时采取这两种措施。

除英格兰银行外的伦敦各银行会通过几种方式来实现这一目的。首先，它们很可能会为票据经纪商贴现大量票据，如果这些票据能够得到兑付的话，那么它们就会谢绝为其他人进行贴现。在1857年的恐慌时期，伦敦威斯敏斯特银行的董事们就贴现了数百万这类票据，并且他们理由充分地说，如果这些票据得到兑付，他们所拥有的现金数量将会足以满足任何需求，并且还能有所剩余。① 但是这些票据如何兑付呢？必须有另外的某个人愿意借钱来兑付它们。商界是不能突然承受失去如此大额的借入资金的；他们已习惯于依靠这笔资金，没有如此大额的借入资金他们是无

① 参见附录B。

法开展业务的。最令商界无法承受的就是在恐慌初期，当每个人都比平时更需要资金时失去大量借入资金。说得更明确一点，这些票据只能通过其他票据的贴现来兑付。（假设）当曼彻斯特的一个批发商给制造商的票据到期了，一般来讲，他无法立刻用现金兑付它们；他做的是赊销买卖。他只是一个中间商。为了兑付他给制造商的票据，他就必须贴现他将货物卖给零售商后收到的零售商票据；如果贴现过程突然中断，他就无法贴现制造商票据。我们商界中的所有人都必须获得新的贷款来偿还旧的债务。如果没有其他人向市场中注入资金，而是像伦敦威斯敏斯特银行那样从市场上取走资金，那么伦敦威斯敏斯特银行持有的票据就无法兑付。

那么，谁来注入新的资金呢？当然不是票据经纪商。他们已习惯于和诸如伦敦威斯敏斯特银行那样的银行转贴现数百万的票据，如果他们发现自己不太可能转贴现这些票据，会立刻进行自我保护并不再贴现票据。他们的业务不允许他们持有大量未用现金。他们要对存于他们这里的所有资金支付利息——而这一利息通常非常接近他们所收取的利息。由于他们只能持有少量的准备金，所以恐慌影响他们的速度要快于其他任何人。他们会立刻停止贴现，或大幅减少贴现。他们那里不会有任何新的资金，他们存放资金的唯一地方就是英格兰银行。

还有一种更简单的情况：如果一个对自己的信用没有把握的银行想增加它的现金的话，它或许会把资金存放在票据经纪商那里。如果这个银行想补充它的资金，那么它在惊慌刚开始时就会收回这笔资金。但是，如果许多人突然间都这样做，那么在不借款的情况下，票据经纪商是不可能立即偿还这笔资金的。他们手中有优质票据，但这些票据还需要一些时日才会到期变现；而来自那些感到些许惊慌的银行家们的支付要求却是在此时此刻。因此，票据经纪商要求助于英格兰银行——这个在惊慌时期唯一拥有新资金的地方。

如果银行想出售统一公债，或者以统一公债进行融资，那么情况也完全相同。银行会把统一公债视为其准备金的一部分，而在平时这就是最好的做法了。常言道，你“可以在一个周日卖出统一公债”。在没有出现惊慌的时期，或者出现只影响特定银行的惊慌时，银行可以毫不担心地依靠这种准备金。但在普遍恐慌时期却不然。此时，如果银行想卖出价值500,000英镑的统一公债，它在市场上是找不到500,000英镑的闲置资金的。所有的普通银行都想卖出或认为自己应该卖出统一公债。唯一的资金来源就是英格兰银行。在大恐慌时期，除非英格兰银行愿意贷款给统一公债的买家，否则这些银行是无法卖出统一公债的；并且在这一时期，除非英格兰银行愿意为买家提供贷款，否则他也是无法获得贷款的。

如果惊慌不仅局限于大城市，而是蔓延至全国，那么情况会更糟。一般而言，乡村银行只为它们的日常业务留存必需的不生息资金。它们把其余的所有资金都放在票据经纪商那里，或在付息银行那里，或投资于统一公债及类似证券。但是在恐慌时期，它们会来到伦敦收回自己的资金。而且它们只能从英格兰银行获得资金，因为伦敦其他所有的银行也想收回自己的资金。

如果我们还记得伦巴第街的即期负债远多于任何类似市场，如果我们还记得全国的即期负债更加庞大，那么我们就能想象当伦巴第街和整个国家都突然间同时向英格兰银行寻求援助时，它的压力有多么巨大。没有其他银行曾面对过如此庞大的资金需求,因为之前没有哪家银行曾为像英国这样的国家保管过准备金。

英格兰银行履行这一重大职责的方式非常奇特。毫无疑问,在每次恐慌时它都会发放巨额贷款(见下表):

“私人证券”贷款增加额

时间	恐慌前	恐慌后
1847 年	18,963,000 英镑	20,409,000 英镑
1857 年	20,404,000 英镑	31,350,000 英镑
1866 年	18,507,000 英镑	33,447,000 英镑

但是另一方面,正如我们所见,尽管英格兰银行或多或少地履行了它的职责,它却并没有直接承认这就是它的职责。英格兰银行银行部倾向于郑重地告知我们,它只是一家类似于其他银行的银行——在恐慌时期它并没有特殊责任,像其他银行一样,它只自我观照。这就是英格兰银行的说辞。迄今为止,相较于通货问题,银行业的问题被讨论得如此之少,以致英格兰银行在恐慌时的职责被置于错误的境地上了。

人们认为,由于银行券成为了法定货币,英格兰银行就负有帮助他人的某些特殊职责。但是,银行券只在发行部是法定货币,在银行部并不是这层含义,同一机构中这两个部门的偶然结合,并没有为银行部在应对恐慌时提供任何帮助。如果发行部位于萨默塞特郡,如果它在那里发行货币,那么在现行法律下,银行部的地位将恰好是它现在这样。毫无疑问,之前英格兰银行可以随心所欲地发行银行券,但既然现在它不再可以这样发行,那么回溯历史也不可能使它变得更强大。我们必须着眼于当下,而非从前。

此外，现在还存在一个更加糟糕的观点。据说，由于英格兰银行掌管着“国家账户”，并且是政府银行，那么它就是一种“公共机构”，它就应该帮助每个人。但是，保管征收上来用于开支的税款这一职责是和恐慌没什么关系的。在恐慌来临时，政府资金也许恰巧很多，也许恰巧很少。这两者之间并没有什么关联。政府让英格兰银行保管它偶然拥有的资金或筹措它偶然需要的资金，并非是雇用英格兰银行来制止恐慌或在它需要时为其提供大量帮助。

真正的原因并不是显而易见的。正如已经说过的那样（但鉴于它的重要性，或者还包括它的新颖性，值得我们再次重申），不管是一家银行还是数家银行持有全国的最终银行储备，在恐慌时期它都必须非常自由地贷出这一准备金，因为这就是银行储备的一个根本用途，也是实现储存准备金的一个主要目的和方式。无论正确与否，目前英格兰银行实际上持有我们的最终银行储备，因此它就必须以这种方式来使用银行储备。

尽管英格兰银行在恐慌时期确实发放了大量贷款，但是由于它并未依据任何明确的原则这样做，所以它在发放贷款时自然会表现出犹豫、不情愿和疑虑重重。在 1847 年，甚至是在 1866 年（这是最近一次发生的恐慌；整体而言，英格兰银行表现优异），当时的人们认为英格兰银行不会发放统一公债贷款，或者至少是不愿发放统一公债贷款。这一重大时刻传遍了伦敦金融城并电传全国，导致恐慌持续加剧。事实上，以这种犹豫的方式发放大量贷款只会引致发放贷款的危害而无法获得任何利处。要想制止恐慌必须传播这样一种印象，即尽管资金短缺，但仍然能获得资金。倘若人们真的相信如果他们等待一两天就能获得资金，彻底的破产并不会到来，那么他们很可能会停止以如此疯狂的方式寻求资金。要么是立刻关闭英格兰银行，并说它并不会比平时更多地发放贷款，要么是让英格兰银行自由、大胆地贷款，并使公众觉得它会持续发放贷款。而在发放大量贷款的同时，又不能给公众以它会充分、有效地发放贷款的信心，这是最糟糕的政策；但当前，英格兰银行正在采取这种政策。

实际上，英格兰银行发放贷款的动机并非源自一家银行应发放贷款的动机。在恐慌初期，银行储备持有者应该立即毫无约束地发放贷款，因为它们担心毁灭于恐慌之中。它们这样做不应该是为了挽救他人，而是为了挽救自己。它们应该知道这一大胆的政策是唯一安全的，鉴于此，它们应该选择这一政策。但是英格兰银行的董事们并不害怕。即使是在最后时刻，他们还说，不管银行业发生什么，他们都可以自救。在 1847 年和 1857 年(我认为也包括 1866 年，尽管没有公开的证据)，英格兰银行的董事们声称尽管它的准备金几乎消耗殆尽，但英格兰银行银行部仍然是十分安全的，它可以通过出售证券和拒绝贴现来增强自身实力。英格兰银行无法卖出证券，因为在极度恐慌时期没有其他人能够买入证券。英格兰银行也不能安然无恙并等着它的票据得到兑付从而充盈它的资金，因为除非它贴现等额的票据，否则已贴现票据是无法兑付的。当最终的一家或多家银行——持有准备金的银行——的准备金持续减少时，它不能通过其他银行及附属银行通常采用的维持其准备金的方式而再次使准备金增加，因为附属银行相信在这样的时刻，最终银行会比平时贴现更多的票据和发放更多的贷款。

但是,最终银行却没有类似的靠山可以倚靠。

如果我不去证明把我们的所有准备金委托于一个像英格兰银行董事会这样的单一董事会的体系是不正常的,是相当危险的(尽管已被深切感受到,它的严重后果还没有完全显现;它已模糊于传统观点中,它已隐藏在过去争论的迷雾中),那么我就没有达到我的目的。

但是,人们会说:什么体系更好呢?还存在什么其他体系呢?我们已习惯于将其基本职能依靠于单一银行的这种银行体系,因而我们很难想到任何其他的银行体系。但是,自然银行体系——如果政府不干预,它会很快出现——是存在许多同等规模银行的体系,而非许多不同规模银行并存的体系。在所有其他行业,竞争会使得企业趋于大致平等。在棉纺织业,没有任何一家企业长期远胜于其他企业。在棉纺织业不存在垄断的趋势;倘若银行业也能自由发展,那么它同样也不会出现垄断趋势。在曼彻斯特,在利物浦,以及在整个英格兰,我们有为数众多业务状况各不相同的银行,但是没有任何一家银行居于某种支配地位;在苏格兰也没有这样的银行。在除英格兰银行以外的股份制银行的新世界里,我们看到许多相同现象。在一段时间内一家或几家银行会比其他银行经营更为出色,但是没有任何一家银行能够永远获得无可置疑的优势。没有一家银行能够比其他银行更早地获得如此巨大的优势,从而使其他银行自愿将其准备金存放在它那里。如果让一个行业自由发展,它将由众多适于业务经营的不同规模的竞争者所构成,银行业及其他任何行业都是如此。任何行业的垄断者都是某种不正常优势和外部干预的标志。

也许有人会立刻问我：你是在提议一场革命吗？你是在提议放弃单一准备金体系并创建一个多元准备金体系吗？我的明确回答是我并没有这种提议。我知道这是一种幼稚的提议。信用之于商业就犹如忠诚之于政府。你必须尽你所能地找到商业信用，并尽可能地运用它。一个理论家可以轻而易举地制订出一份废除维多利亚女王政府的计划。他可以编造一个理论说，既然我们承认并且知道下议院是真正的最高统治者，那么任何其他统治者都是多余的；但是从实际的目的出发，这些论断甚至都不值得审视。毫无疑问，而且也不必去推论，维多利亚女王受到数百万人的效忠。如果这数百万人开始争议，那么说服他们效忠维多利亚女王或其他任何事就不容易了。我们需要有效的论据去说服那些需要被说服的人。正因如此，建立在以英格兰银行为轴心和基础之上的庞大信用体系如今才得以存在。英国人，以及外国人，都对此深信不疑。每个银行家都知道，如果他必须要证明他值得信赖，那么不管他的论据多么充分，他的信用也已不复存在：因为我们所拥有的信用不需要任何证明。一切都依靠产生于习惯和时间的本能性信任。没有任何事能说服英国人民废除英格兰银行；如果某个灾难使英格兰银行荡然无存，那么在任何其他相似的银行上建立起和英格兰银行一样的信用体系都要花上几代人的时间。如果某种奇迹使得伦巴第街采取了多元准备金体系，它似乎也是一个怪异的体系。没有人会理解或信任这种体系。信用是一种可以逐渐强化的力量，却不能人为创造。那些在一个庞大而稳固的信用体系下生活的人们一定会认为，如果他们破坏了这个信用体系，他们将再也不会看到另一个信用体系，因为需要花很多年去建立一个继任

的信用体系。

有鉴于此，我并不建议我们应该回到自然银行体系或多元准备金的银行体系。如果我提出这样的建议，就只会招致无用的嘲笑。我也不会提议我们应该采取法国人为摆脱和我们相同的困难而使用的那种简单而直接的权宜之计。在法国，所有银行依赖法兰西银行的程度都甚于英国的银行依赖英格兰银行的程度。法兰西银行不仅持有银行最后准备金，而且持有通货储备。但是，国家并没有将这样的职能委托给一个由股东任命的商人委员会。国家自己——行政当局——任命法兰西银行的行长和副行长。实际上，除这两个官员以外，还存在一个由股东任命的摄政委员会或董事会。但是，除非行长和副行长觉得自己适合这个委员会，否则他们不必出席；政府任命他们是来监督国家利益的，在这样做的同时，如果他们愿意，就可以不管摄政委员会的窃窃私语。在理论上，对这一方案可以进行许多探讨。既然持有单一准备金是一项国家职能，那么政府选择的官员至少应是值得信赖的。无疑，这种政治干预有悖于正统经济理论，即“银行是一个行业，而且仅是一个行业”。但是，政府在利用特权和垄断权去建立一个凌驾于其他所有银行之上的银行并建立单一准备金体系时，却忘了这个理论。既然这一体系已存在，一个理性的法国人可以理由充分地说，国家应该监督和管理这一银行体系。但是这样的方案在英国并不可行。没有人引导我们去关心组织机构中的逻辑顺序，更确切地说，是引导我们不去关心它。既然如此，我们关心的实际结果将是糟糕的。英格兰银行行长会是议会的一名高级官员，也许是内阁成员，他的变更取决于幸运的多数党以及党派之间的实力。一个特

别需要连贯性和专业技能的行业会由一个不断变更且未经训练的管理者来管理。事实上，在一个英国商人看来，整个方案都显得相当荒谬；他不会考虑它，他会认为这不值得考虑。虽然这种方案在法国运行相当良好，而且还有明显的理论依据，但对一个英国商人来说，这并不足够。

所有这些改革方案都是不可能的，我只能提议三项补救措施。

第一，在英格兰银行和公众之间应该形成一个清晰的认识，即既然英格兰银行持有我们的银行最后准备金，那么它就应该承认并按照这一行为所隐含的职责行事——在国外资金需求旺盛时期，它应该完全补足这一准备金；在国内恐慌时期，它应该像银行业的基本原则所要求的那样，自由而迅速地发放贷款。

这看起来非常不同于法国的方案，但在现实中并非相差很远。在英国，我们常常可以通过舆论的间接强制力采取行动，而在其他国家，这必须通过政府的直接强制力才能做到。既然如此，我们就能够这样做。现在，英格兰银行的董事们极其害怕公众舆论；很可能没有哪类人会对报纸上的批评如此敏感。而这是非常自然的情况。的确，我们的政治家遭受了诸多责备，但是他们也逐渐经历了承受尖锐批评的一个长期学习过程。如果他们仍然在乎这种批评（有些人在经历了多年批评后仍比人们想象的更加在乎），他们的在乎程度肯定不如当初，但已经把这种批评视为不可避免且连续不断的刺激因素，这是他们不能摆脱的。但是一个英格兰银行的董事却没有这种相似的经历和锻炼。他在英格兰银行的职责只占用他的很少一部分时间，他生活中的所有剩余时间（除非他在议会任职）都花在了休闲和商业生活之中。他不必经受尖锐的公众批评，他也没有受过这种训练。尤其是一旦轮到他成为英格兰银行行长时，他十分期望这两年的任期能够“平稳度过”。他很容易就会被激怒，甚至是对他行事原则的反对意见都会使他动怒；对于有所指向的针对个人的责备，他也不能泰然处之。目前，我并不确定这种敏感性是否有益。由于英格兰银行在货币市场上的确切地位并非显而易见，所以英格兰银行行长并没有可以参考的标准。他总是担心“人们会议论某事”，但却并不十分清楚地知道人们议论的“某事”是关于什么方面的，因此他的担心对他并没有什么指导作用。但是，如果人们接受了基本原则，如果人们承认英格兰银行承担着我们的唯一准备金的保管职责，并且应该根据公认原则来使用这一准备金，那么英格兰银行行长就可以参照这些原则行事。他会知道批评来自哪里。如果他能在原则指引下行事，他就能做出明确的应对之举。然后我们就能肯定，久经商场的商人们不会偏离准则。当前，英格兰银行董事会相当于这个国家的半个受托人，我想要他们成为值得委托的真正受托人。

第二，英格兰银行的治理机制应该按如下解释的方式进行改进。我们应该减少“业余”因素；我们应该增加银行的专业因素；我们应该确保管理上有更好的稳定性。

第三，由于以上两条建议都是为尽可能提升英格兰银行的实力而设计的，那么我们现在应该关注一下银行体系的剩余部分，并尽我们所能地努力减少对英格兰银行的需求。既然我们银行体系的核心部件不可避免地会存在脆弱的状况，我们就应该小心翼翼并尽可能地减少它的压力。

但是，为了解释这三条提议并对所用的论据有一个充分的理解，我们必须更详细地考察伦巴第街的组成部分，以及导致它形成目前这种特殊结构的一系列特殊原因。

第三章　伦巴第街是如何产生的以及它为何以目前的形式存在

第一节

18 世纪，人们热衷的文学创作主题之一是“猜测史学”——总之人们这么称呼它。从概率的角度来看，一个虚构的描绘可能构成了现存事物的起源。如果这种观点适用于银行业，那么由此得到的一个重要观点就是银行体系在世界早期就已经形成，与如今那些在英国殖民地上形成的银行体系基本一致。只要一个社会富足到拥有大量货币，并且可以使这些货币全都存进一家银行，那么银行的产生就会迅速成为现实。英格兰殖民者并不想面临持有货币的风险，而是希望手中持有的货币能够得到些许利息。他们引进了家乡开设银行的想法和习惯，并且在殖民地迅速开展这项事业。猜测史学的观点倾向于认为所有银行业就是由此开始的，但这种史学观点几乎没有任何价值。它的基本原理就是错的。它认为当完成某项工作时，最容易的工作一定是再做一遍之前完成的工作，看起来简单的事是那些最容易被内心接受的事。但是，与此相反的想法反而才是正确的。当一项工作已经完成时，许多看起来简单、做起来容易的事反而对于一些新人来说是相当困难的,并且很难向他们解释清楚这些事情的缘由。银行业就属于这种类型。它的本质是多数人相信少数人,甚至是多数人相信某个人。如果银行家较多且存款人数相比之下并不是很多,那么这将导致银行业无利可图。但是,让如此多的人做同一样事情是非常困难的,并且只有存在很明显的需求时才能使他们开始做这件事。但在银行业中却没有这种明显的需求。如果你来自法国的一个乡村小镇,即使是现在你也不会发现与我们一样的银行体系。支票簿不被人们所了解,存于银行经常账户上的钱少得可怜。人们把他们的钱存在自家的保险箱中。只有那些等待投资的且不会被迫切需要的稳定储蓄才可能会被放在银行,而流动资金通常被放在自己的家中。他们更喜欢这种保管资金的方式,而这与银行家管理资金的方式和获取利润的目的并不一致。如果在法国设立一个像在英国的乡村小镇一样的国家乡村银行的分支机构,那么这个分支机构可能会入不敷出。你不可能让足够多的法国人把他们的钱存进这家银行。在所有的非英属国家中,情况大抵都是如此,只是程度略有不同罢了。银行存款业务是一件非常难以开展的事,因为人们不喜欢让自己的钱消失在自己的视野中,尤其是在没有任何保证的情况下,并且不是所有人都能立刻去相信一个看不见且无担保的个人。像在许多事情上一样,猜测史学通过现今最简单和常见的事来解释过去,但是这的确不适用于银行业。

真实的历史与之截然不同。新的需求大部分源于人类对环境的适应,而非产生于人类的凭空创造或意外发现。为满足某一迫切需要而创造出来的事物通常只能满足正常的需求,或者提供一种额外的便利。因此，政府——世界上最古老的机构——是最难运转的。追溯到历史的开端，我们发现政府做了社会想要做的所有事，禁止了社会不希望发生的所有事。如今在贸易中，一个新地区最初的商业就是一个提供实际需求的消费品商店，随后它才开始提供一些能满足其他需求的商品。银行业发展的历史与之非常相似。最初的银行并不是为了存款而建立起来的银行或者类似的机构。它们之所以被建立起来是出于很多非常紧迫的原因，它们因为这些非常紧迫的原因而不断被建立或仿效，而后才适应于现代的需要。

意大利最早的银行是信贷公司。起初，位于热那亚的圣乔治银行仅仅是给当地政府部门放贷的公司，其他一些银行的建立都效仿了这种形式。在中世纪的意大利共和国，很少有其他部门比政府对资金的需求还迫切。这些银行在成立很长一段时间后，才开始从事我们称作银行业务的事情；但一开始它们从没有考虑过从事这些业务。北欧的大银行则起源于更奇怪的需求。人们已经不再记得银行的首要业务是提供良好的铸币了；但无论在哪里，这都是最为迫切需求的业务。亚当·斯密曾精辟地描述过它，他说："像法国或者英国这种大国，它们的通货基本上完全由它们自己的铸币所组成，因此在任何时候这种通货都会出现磨损，从而低于其标准价值，但一个国家可以通过铸币改革而重建其通货。但是，像热那亚或汉堡这些小国的通货很少是完全由自己的铸币所组成的，而是必须包含很大一部分与之交往密切的邻国的铸币。因此，这样的国家通过改革其铸币，并不总是能够重建它的通货。如果以这种通货兑付外国汇票，那么由于这种通货价值的不确定性，任何数额的不确定价值都必然会导致这种兑付不利于这些小国，从而使其通货价值在所有其他国家都低于它的真实价值。

“汇票承兑的这种劣势已经限制了这些国家的商人们，为了弥补这一劣势，当这些国家想要获得贸易利润时，它们通常会制定一些规则，如一定价值的外国汇票不得用通货进行兑付，而是要用建立在国家信用和保护之下的某个银行背书的汇票或汇单来兑付，这家银行会严格按照国家标准以真正的良币进行支付。威尼斯、热那亚、阿姆斯特丹、汉堡和纽伦堡的银行最初都是根据这种思想建立起来的，但有些银行后来服务于其他目的。这些银行的货币要比国家的通货更好，这必然会产生贴水，贴水的大小要根据通货低于国家标准的程度而定。例如，汉堡银行的贴水通常大约是14%，这是根据该国标准货币与流入该国的所有外国通货的价差来确定的。

“在1609年以前，来源于欧洲其他地区的大量外国残损铸币通过广泛的贸易流入阿姆斯特丹，使得它的通货价值比刚出造币厂的良币低9%。由于总是出现这种情况，所以残币出现的速度已经和新的良币一样快了。持有大量通货的商人，不再总是能够找到足够的良币来兑付他们的汇票；尽管有一些规定避免了汇票价值的变化，但这些汇票的价值常存在着很大的不确定性。

“为了弥补这些劣势，阿姆斯特丹在1609年成立了一家由全城担保的银行。这家银行既接受外国铸币，也以真实价值接受本国的那些残币，这种真实价值以本国的良币为标准，并扣除了必要的造币成本和一些其他的管理费用。因为在扣除了必要费用之后铸币仍然保有一定价值，所以这一价值就在其银行账户中产生了一种信用。这种信用被叫作银行货币，因为它代表了严格遵照造币厂铸造的货币，所以它始终保持同一真实价值，并因此而比通货更有价值。同时，这家银行还规定，在阿姆斯特丹兑付或出售的所有价值600荷兰盾或以上的票据都以银行货币进行支付，这种方法迅速消除了这些票据价值的不确定性。由于这一规定，每个商人为了支付外国票据必须在银行开设一个自己的账户，这必然会对银行货币产生一定需求。”①

另外，尽管划拨款项是银行的一项辅助业务，但是当代银行一直保持了早期银行的这项重要功能。如果一个人想通过银行给远方的人汇款，那么这家与其他银行有联系的银行便会把这笔钱汇到目的地银行。当这种汇票规模很大时，这种汇款的需求将非常紧迫。这种票据必须在商家所在地能够兑付，以便他用于支付货款，最好是在商家仓库所在的镇上能够兑付。但是此地可能距离再次出售这种商品的零售店所在地较远。这一原因和其他一些原因，使得即时汇款与定期汇款成为早期贸易的需要；而汇款业务也是早期银行的主要业务。

这就是早期银行除存款之外的所有业务，而这些银行后来发展成了英国的存款银行。通过提供这些业务，这些银行获得了使其以后能够作为一家存款银行继续生存的信用。尽管建立信用起初可能不是重要目标，但是最后信用已然成为了最重要的目标。不过这些需求只影响了一小部分人，因此银行受到的关注也很少。

---

① Smith's 'Wealth of Nations,' Book IV. chap. iii. 'Digression concerning Banks of Deposit,' &c.

存款银行早期的一项职能更受欢迎，并且当存款银行能够开展这类更受欢迎的业务时，它们才更加迅速而广泛地传播开来。这项职能就是提供全国范围内的可流通银行券，显然我不会超出范围去讨论货币流通的相关问题。一个国家货币发行的最佳方式是一个经济理论问题，而我并不打算在此讨论。我仅仅叙述那些没有争议的历史，而不去讨论随时随地都会陷入争论的问题。一部分可以确定的历史就是，在一个社会中发展银行业务的最佳方法就是允许银行家发行能够替代金属货币的少量银行券。这相当于在存款人来银行存款之前为银行提供的能够使其营业的补贴。苏格兰是最可能发展存款银行的国家，并且苏格兰最初的利润完全来自于银行券发行业务。而如今，银行券发行业务是苏格兰银行最微不足道的负债业务，但是这项负债曾经是它的中流砥柱与利润的主要来源。前不久出版的一本书让我们详细地了解了它的发展历程。成立于 1763 年，如今与苏格兰皇家银行合并的敦提银行(The Bank of Dundee)在其被合并前的八九年已经成为了一家拥有可观存款数额的银行。但是在其建立之初的 25 年内却根本没有存款。这期间它主要靠发行银行券和少量的汇款业务支撑。只是到了 1792 年，差不多在其成立的 30 年之后才开始获得存款，但从这之后存款业务增长迅猛。[①] 尽管我们没有具体的可以追溯到过去的银行账目，但英格兰的银行也有着相同的历史。不过大概直到 1830 年左右，英格兰的银行主要利润仍来自于银行券发行业务，在那之后的许多年里存款业务被视为次要业务，关于银行业

① 参见附录 C。

的讨论也完全是发行问题的讨论。我们仍然生活在这个论战的影响下，因为正如我经常说的那样，除了关注银行券流通量以及管理银行券流通的 1844 年条例外，人们几乎不去思考伦巴第街的组织结构。法国人也仍然处于同样的时期。1865 年的大调查差不多完全是关于货币流通问题的，而关于银行业的问题被视作次要问题。从法兰西银行的账目中可以看出具体原因。在与德国开战前的最后周报中显示，法兰西银行的货币发行量已经达到了 59,244,000 英镑，而私人存款却仅有 17,127,000 英镑。如今，私人存款与之前相同，但是货币发行量却已经达到 112,000,000 英镑。即使存在英格兰银行业可以借鉴，但是在像法国这样的大国里建立银行业的存款系统并使其不断强大和充满活力仍然是相当困难的。

德国也经历了相同的境况。在战争之前，德国北部的账目显示货币发行银行的货币发行量是 39,875,000 英镑，存款总额是 6,472,000 英镑，然而现在的发行量已经达到 60,000,000 英镑，存款总额已经达到了 8,000,000 英镑。再举这样的例子就显得有些愚蠢了。

纸币的使用通常会先于银行存款习惯的原因已经显而易见了。因为使用纸币是一个更容易形成的习惯。在纸币发行上，作为最大受益人的银行家可以做一些事情。它可以通过自己的"信用"来支付贷款和工资以及偿还债务。但是在获得存款之前他处于非常被动的地位。他的纸币取决于自己，而存款却取决于别人。而且对公众来说，改变存款也更加容易。为了给同一家银行筹集大量存款，许多人必须共同做一些事情。但是为了使纸币流通，人们通常不需要做任何事。他们在交易过程中收到银行的纸币，且他们并没有仅把这些纸币用于对银行的支付。如果公众不想费力，那么就会立刻形成纸币的流通。银行发行纸币，并不需要公众做出努力；相反，一旦纸币进入流通领域，公众想摆脱它就需要付出努力；但是，存款却不能由银行开始，而是需要全社会自发的和持续不断的努力。因此，纸币发行就自然地早于银行存款。

银行通过发行银行券而为存款业务铺路的方式简单明了。当个人开始持有大量银行券时，说明他非常相信银行，但是他却得不到任何回报。此时，他正面临着如同持有铸币时所面临的损失风险。如果他在银行存款，他将不再面临银行破产而引发的更多风险，并且他将免受持有现金的风险。毫无疑问，无知的公众需要耗费大量的时间来理解这一简单的道理。大部分人将纸币持有在手中的愿望是如此强烈，以至于他们有时会持续地把银行券留在身边，有些人甚至会长期这样做。但最后常识还是战胜了习惯。纸币流通减少，并且存款数量增加。银行券有效提升了银行的信用，并且这种信用已经被公众所接受，在纸币发行已变得不再那么重要的若干年后，银行已经靠信用谋生。

这种职能的有效性与银行券发行权的普及是成正比的。像法兰西银行这样的垄断银行要想在全国范围内开展它的业务是很困难的，并且宣传工作也会进展缓慢。据我所知，依照法律，法兰西银行应该在每个地区都设立一个分支机构，但是即使到了现在，法兰西银行在 86 个地区仅有 60 个分支机构。而瑞士银行在每个州都至少有一个分部，因此其业务扩展得非常迅速。我们可以看到法兰西银行的负债如下：

银行券	112,000,000 英镑
银行存款	15,000,000 英镑

但是瑞士银行正相反：

银行券	761,000 英镑
银行存款	4,709,000 英镑

出现这种情况的原因是相对于一家合伙人是当地人，且了解当地风土人情的银行来说，一家依靠资本运营并且分支机构遍布到乡村地区的中央银行能够安全放贷的方式更少。银行券发行主要始于贷款，那时没有需要偿还的存款。但是一个乡村地区的贷款额是很少的，需要贴现的票据也很少，借款人的财产数额也很小且只有当地的信用，他们想为贷款而抵押的任何财产价值都要取决于当地的情况。长期居住此地的银行家对当地情况非常了解，他们能够安全地贷出资金。但一个由中央银行委任的经理却很难做到这点。那些信用最差的人会来找他贷款。他对当地情况的不了解会成为那些精明狡诈者利用的弱点。只有了解当地情况才能使银行券安全流通。而由于他对当地情况不了解，所以他在当地建立银行券流通时会面临相当大的困难。

因此，银行券发行体系是建立一个存款银行体系的入门途径。至今，银行券流通仍是唯一的入门途径：还没有哪个国家可以不经历银行券发行的初期阶段就建成一个较大的存款体系，而通过了解当地情况的人来建立银行券发行体系是最快、最有效的方式。

这就解释了为什么存款银行非常稀少。这样的银行券发行体系仅可能在一个没有遭受侵略、没有革命的国家建立起来。在被侵略期间，发钞银行必然会停止支付，在这期间逃跑是无可避免的；在革命期间也是如此。在这样严重而紧张的国内危机面前，国民必然会丧失信心；每个人只能指望自己，每个人都想持有贵金属。因为这些贵金属无论是在和平时期还是战争时期都是有价值的。而银行券的优良性取决于银行的偿付能力，但这种偿付能力会在被侵略和发生革命时受到损害。

迄今为止，几乎没有任何欧洲国家能够免于陷入长期的入侵和革命。荷兰和德国——两个银行券发行和存款银行体系如英格兰和苏格兰一样很自然地建立起来的国家——从未免于外来战争的威胁。对外敌入侵的深深恐惧已经渗入到了他们全部的习惯里，而商人们如果不去考虑他们历史中频繁的意外事件的话就会显得非常愚蠢。1789 年之前，法国确实是个例外。在旧政权统治期间，它没有发生任何严重入侵或者未遂的革命。它的政府很稳固也很强大，它能够抵抗任何外部的敌人，它所建立起来的威望也十分坚固从而不惧任何内部威胁。但那时它并不是一个值得信任的政府，银行券发行这件事就充分证实了这一点。在约翰·劳时期，执政者把银行券发行的垄断权交给了一家信誉不良的银行，并且用无价值的银行券还清了国债。国家建立了一个导致破产的机构，并用它来发财。对法国这样一个如此忧虑的民族来说，其结果是致命的。多年间，法国进行的任何与银行券发行和存款银行相关的尝试都变得不可能。直到杜尔哥时期建立了贴现银行后，有关劳的失败仍然记忆犹新，并且阻碍了更好尝试的开始。

因此，这就是伦巴第街存在的原因；这也是英格兰能成为一个强大的金融市场，而其他欧洲国家的金融市场相比之下很小的原因。在英格兰和苏格兰，一个广泛的银行券发行体系遍布全国的银行；整个国家的储蓄存在这些银行中，并通过它们而集中到了伦敦。其他地方没有出现类似的体系，因此伦敦资金充裕，相比之下，所有欧洲大陆城市的资金却显得很匮乏。

第二节

伦巴第街的统治地位也源于银行券发行。麦考利（Macaulay）已经向我们讲述了英格兰银行的起源。作为一个普通的作者再讲述他写得那么好的故事显然是不明智的，而且也是不必要的，因为每个人手中都有他的作品。然而，我仍然要提醒我的读者这是一个多么美妙的故事。

如今，在世界上所有的银行体系中英格兰银行大概是最远离党派政治和“融资”的。但是在其成立初期，它不仅是一家金融公司，而且还是一家辉格党（Whig）的金融公司。辉格党政府之所以建立这家公司是因为它迫切需要资金，而这家公司之所以能被伦敦金融城支持，是因为伦敦金融城就是辉格党治下的。简而言之，故事就是如此。查理二世（Charles Ⅱ）政府（在由五个大臣形成的枢密院统治时期）犯下了许多严重错误，把英国的信用拉到了最低点。我们现在应称其为银行从业者的金匠们，当时他们的经营规模很小，常常把自己的财产存放在“国库”里，并在政府的允许和保管下。在许多欧洲国家，国家信用比任何其他信用都要好，因此被用来巩固刚刚产生的银行业。英格兰的国家信用就是被这样使用的：尽管不久前在这里爆发了内战和数场革命，但英格兰政府的信用已经得到了认可。不过查理二世却让人们感到并不值得相信。他关闭了“国库”，并且没有对任何在“国库”存有财产的人进行偿还，金匠们因此而破产。

斯图尔特(Stuart)政府的信用再也没能从之前疯狂的掠夺中恢复过来，而1688年革命*后建立的政府在货币问题上和其前任政府一样不被公众所信任。通过革命建立起来的政府一般总是难以得到公众的信任。这包含资本家本能上恐惧的暴力因素，并且，人们有理由担心由一场革命建立起来的政府可能会被另一场革命推翻。1694年，威廉三世(William Ⅲ)政府的信用在伦敦非常之低，以至于它无法借到大笔资金；灾祸还不止于此，因为在与法国进行战争之后，威廉三世政府的财务困境已经到达极点。最后，一个计划的出现缓解了这种困境。麦考利说："这个计划就是以当时认为适当的8%的利率筹集1,200,000英镑。"为了让认购银行迅速地以这种不利于它们的条件付款，认购银行被要求以政府和英格兰银行的名义组建一家公司。它们就以这种形式组建了一家公司，从而为政府筹集了1,200,000英镑。

在之后的许多情况中，这家公司的信用基本上都被政府使用。没有它的帮助，政府不可能借来国债；如果我们不能借到这笔资金，那么我们就会被法国打败，并让詹姆斯二世复辟。在此后的许多年里，由于这笔国债的存在，产业阶层从未想过让觊觎王位者复辟，或者推翻革命的成果。在当时的书中，人们总是认为这个"国债持有人"与"合法的"君主是对立的，人们害怕他会拒绝偿还那些来自于罢黜他王位的人以及那些反抗他及其同盟的人的债务。很

* 史称"光荣革命"。1688年，支持议会的辉格党和部分托利党人废黜了英王詹姆斯(James Ⅱ)二世，把皇位传给詹姆斯二世的女儿玛丽和女婿威廉，威廉即位后称威廉三世。它结束了英国议会和国王近半个世纪的斗争，最终以议会的胜利而告终。——译者注

长一段时间，英格兰银行都是伦敦自由党人的焦点，并因此而为国家做出了难以估量的贡献。作为提供实际利益的回报，英格兰银行在最初以及后来得到了政府给予的三个非常重要的特权。

第一，英格兰银行享有政府财政余额的专有管理权。正如我已经说明的那样，在成立初期，银行为政府提供信用，但随后它从政府那里获得信用。在这个政府统治下生活的人们自然会追随政府的做法。对于大多数人而言，政府是最大的、最重要的和最显而易见的实体；政府的知识水平必然会大大高于人民的平均知识水平，所以，只要不出现明显的不利信号，大多数人就都会倾向于认为政府是正确的；如果可以，他们就会追随政府。尤其是在资金问题上，人们会理所当然地认为："如果政府相信英格兰银行并把国家的巨额财政余额交给它管理是正确的，那么我们将自己小额的资金交给英格兰银行就不会错。"

第二，一直到不久前，英格兰银行是有限责任制的唯一践行者。英格兰的判例法对此没有任何解释。它仅包含在皇家宪章或者成文法中。直到最近几年，英格兰的不动产银行（我不能将诸如张伯伦地产银行这种荒谬的银行也算在内）才开始采取有限责任形式。事实上，很多人认为，这对英格兰银行来说是对的，但对其他银行来说却是不对的。我记得曾听到过伦敦金融城里一个著名商人的谈话，他能够很好地代表当时的流行观点。他公开反对有限责任银行，于是有人问他："你为什么针对英格兰银行这样说，你的钱不是存在那里了吗？"他回答道："哦，英格兰银行是一个例外。"毫无疑问，对英格兰银行来说，这是一个极具价值的例外，因为他诱使许多谨慎的商人成为了英格兰银行的董事，他们必定不会加入任何一家存入了他们全部财产且需要承担无限责任的银行。

第三，英格兰银行是英格兰唯一一家拥有银行券发行特权的股份制公司。直到18世纪中叶，伦敦的私人银行确实都还能够发行银行券，但是股份制公司却不能够这样做。1742年法案中的条款对这一问题的解释在我们现代人看来非常古怪。“为了避免人们可能会对下述问题产生任何怀疑，特由当局制定并颁布上述法案：(1)上述行长和公司——也就是英格兰银行及其行长——是否拥有独家经营银行业务的特权或权力；(2)在英格兰银行及其行长的上述特权存续期内，国会是否拥有创建其他一家或多家银行、限制其他人从事银行业务的特权或权力。该法案的真正立法意图是：在英格兰银行及其行长的上述特权——法案所赋予他们的独家经营银行业务的特权——存续期内，国会不再授权创建或认可其他银行；在大不列颠王国即被称作英国的任何地方，任何已创建或准备创建的政治团体或法人团体、任何六人以上的已订立或准备订立契约或组建合伙企业的其他个人群体以即期可支付的票据、银行券或期限在六个月内的票据、银行券的形式而进行任何数量的资金借贷行为都是非法的。”对于现代人来说，这些词的意义似乎超过了它们的原意。当时，“银行业务”这个词语仅仅被用于银行券发行或通过即期票据占有资金。我们如今的存款银行体系已经不发行汇票和本票，在当时，这并不广为人知，也并没有被称作银行业务。但是它的作用非常重要。它给予了英格兰银行在大都市发行银行券的垄断权。在那时，它没有分支机构，所以它不参与乡村银行券发行的竞争。而在大都市，虽然面临着其他银行的

竞争，但是它最终仍会获胜。除了英格兰银行外没有任何一家银行能够发行银行券，并且一些私人银行渐渐退出银行券发行业务。直到1844年，伦敦的私人银行如果愿意的话还是可以发行银行券的，但差不多100年前它们就被迫退出了这一领域。英格兰银行在很长时间里都拥有银行券发行的实际垄断权，而且人们普遍认为它会一直拥有这一合法垄断权。

这一条款的实际效果不止于此：人们认为这一条款使得英格兰银行成为了唯一一家能够吸收存款的股份制公司，以及唯一一家能够发行银行券的公司。送给英格兰银行的“独家经营权”这一礼物可按现代意义来解读：它被认为阻止了其他银行进入现代银行体系。在乡村允许建立股份制银行之后，人们开始探究它为什么不能在大都市存在。之后发现，从我所引用的条文来看，它只是禁止了可转让票据的发行，而当存在这种可转让票据时，并没有禁止吸收资金。基于这种解释，伦敦威斯敏斯特银行以及所有历史悠久的股份制银行都建立起来了。但直到它们开始营业之时，英格兰银行已经既拥有银行券发行的特权，又拥有存款业务的特权了。无论从什么意义上讲，英格兰银行都已经是伦敦唯一的银行公司。

和所有竞争者相比，英格兰银行拥有众多优势，它自然遥遥领先于其他所有竞争者。英格兰银行当仁不让地成为了伦敦最具实力的银行；所有其他的银行都围绕在它的周围，并将准备金存在它那里。因此，在不经意间，我们的单一准备金体系建立起来了。它是许多特殊事件与单一银行拥有合法特权的做法逐步作用的结果，而现在这家银行也在发生改变，并且没人愿意出面维护它。

第四章　英国财政大臣在货币市场中的地位

从理论上来说，银行业是一个行业，而且仅仅是一个行业，这一经济原理的正确性怎么形容都不为过。而从更广阔的实践来看，政府干涉任何行业都会损害这一行业更是亘古不变的准则。毫无疑问，政府能为货币市场做的最好的事情就是让其自我发展。

但是，只有在政府注意到一个条件时，它才会全面贯彻这条准则，即它必须自己持有自己的钱。有时，政府手里必然会持有大量现金。目前为止，它是国家最富有的机构；它的年度收入远远超过了其他任何机构或个人。如果它把这笔巨额收入存到任意一家银行，那么它必然会关注这家银行的财务状况。如果这家银行不能吸收公众存款，那么到了付息日它将无法支付债务利息；如果银行破产，它将无法支付工资和其他费用。现代政府像是一个欠下大笔无法偿还的债务的富人；它的信用对于其繁荣——绝大多数情况下对于其存在都是必需的，并且如果政府的银行在其债务到期时破产，那么政府将会面临极大的困难。

比方说，另一位银行家可以接管政府的账务，提供政府当时所需的资金以保证政府账务在未来的安全，就如同别的银行破产时经常做的那样。但是这项补救措施的不完美在于它在极度糟糕的情况下并不能奏效。在恐慌时期以及信用的全面崩溃时期，很可能找不到这样的银行。之前拥有政府存款的银行会无力偿还这笔存款，而在危机时期，没有吸收政府存款的银行是无法筹集到像我们的政府每季度所需的5,000,000英镑或6,000,000英镑的资金的。如果一位财政大臣已经把自己掌管的资金委托给一家银行，他从一开始就严守约定，并声明在任何情况下他都不会干预货币市场，那么结果可能是在某种情况下，货币市场会找上他，而他将无力向政府拿出他所掌管的资金。

在银行业初期，一般的规律是政府自己保管资金可能会更好。如果没有能够安全保管政府资金的银行存在，那么政府就应该自己持有资金而不依赖这些银行。它更不应该对任何一家银行给予特殊照顾，并通过将政府账务放在这家银行而使它享有其他所有银行所不具备的优势。在那个年代，一位财政大臣应该具有平衡税收与支出的能力；对于他来说，主要的问题是确保在特殊时期冻结在国库中的资金不应多于平时那里所拥有的资金。如果国库中的滞留资金在任何时候都没有远超平均水平，那么由此造成的危害就不会很严重：这仅仅会造成一定数额资金的利息损失，而这并不会成为整个国家的沉重负担；由此造成的额外税收也不会很多。相比于因把资金托付给一家经营不善的银行而损失了为支付日常必要开支所需的资金，或者为了筹措资金而把国家信用视同这家经营不善的银行的信用，并以此来支持它从而使之维持下去，上述那点危害就显得微不足道了。只要货币市场的安全性没有完全的保证，那么政府最好不去干预它并自己保管资金。如果各家银行都经营不善，此时倘若政府去支持并纵容它们，那么这些银行必然

会持续表现糟糕而且很可能会更糟糕。一条重要的真理是，以任何方式帮助当下的坏银行，必然会妨碍未来好银行的出现。

当人们更好地理解了银行业并且银行体系已足够安全时，政府便可以逐渐地把钱借给银行，尤其是把即便是在最稳定的财政体系下国库中可能积累的巨额资金借给银行。在一个正常的银行体系中，政府可以获得诸多便利。许多银行都持有自己的准备金，而且它们都十分渴望持有充足的准备金，因为它们的生存和信用都牵系于此，在这种情况下，政府将资金交由一家银行管理的风险就会降到最低。此时，政府有多家银行可以选择，而不必局限于任何一家。

政府的行为方式简单明了，类似于我国的其他公共团体。都市工程委员会（Metropolitan Board of Works）在伦敦有大量收入，它在伦敦威斯敏斯特银行有一个账户，因为这家银行用统一公债存款作为抵押品。英国财政大臣获得这种抵押品没有任何困难。如果财政部的账户资金被认为是比任何一家银行应该管理的资金都要大（很可能是这样），那么政府存款可以分放在几家银行。每一家银行都会提供抵押品，所以政府存款是安全的。在任何时候，如果政府手中的流通资金异常之多，那么它就可以要求银行增加抵押品，而且它还可以获得利息。它是如此重要和有影响力的贷款人，因此它可以将自己的条件施加给银行。如果说哪个人能够保证自己的账户安全，那么政府必定是其中一个。

另一方面，如果财政大臣就像他有时扮演的角色那样，是一个借款人，那么他在获得所需资金方面同样能够获得诸多便利。英国政府的信用是如此之好，以至于他可以比世界上任何人都能以更好的条件借入资金。事实上，当时的财政大臣比现在拥有更多便利，因为除非能征得国会的同意，否则依照现行法律，财政大臣不能在公开市场上借入资金。他只能从英格兰银行借到所谓的“赤字票据”。在正常的银行体系中，他可以从许多相互竞争的银行那里借到钱，并可以选择利息最低的一家；但在我们现如今人为控制的银行体系中，他只能以固定利率向一家银行申请贷款。

如果与发生严重危机的预期相反，那么英国政府就会像美国政府所做的那样，从银行那里提走它的账户余额。政府可以通过发放国库券或者以暂时抵押它的信用等方式对银行施以援手，但是当危机过去之后，政府可以让违规银行承担损失。这是对它们行为不当的一种惩罚。那些能够从不当行为中吸取教训的新的和更好的银行将会脱颖而出。正如所有正常的行业一样，腐朽的事物将会消亡，新生的事物会将其取代。直到新的银行通过它们的优异表现证明它可以被国家信任时，国家才会信任它们。政府可以把它的支持作为对银行审慎行为的奖励，也可以撤回这种支持以作为对其鲁莽行为的惩罚。

在一个运行良好的银行体系下，除非发生暴乱或者入侵，否则一般不会发生严重危机。许多银行都感觉到持有充足的准备金与它们的信用密切相关，因此它们很可能会持有充足的准备金；如果有一家银行不这么做，它将会面临持续不断的指责，并且很快会失去它的地位，最终在货币市场上消失。这样的银行会相当自由且慷慨地动用资金以应对初期的恐慌；它们会大胆且大量地贷出它们的准备金，因为每家银行都害怕遭到怀疑，因而如果在恐慌时期它希望被人们看作是实力雄厚的银行，那么在这样的时期它就必须“展示实力”。这样的银行体系能把由存款造成的风险降到最低。如果国民的资金能够以任何一种方式安全地存入银行，那么持有充足的准备金就是确保存款安全的方式。但是法律和环境为我们在英国创建的银行体系几乎完全不同于上面介绍的银行体系。在银行业早期以及各种信用都不可靠的时候，英国政府不会让现金进入货币市场，除非它已相当安全，因为政府自己的利益与货币市场息息相关。为了更好地获得贷款，政府将其资金（连同其他特权）的管理权和利润给予了唯一一家银行，因此这家银行实际上就相当于当时的英格兰银行。政府不可能让货币市场自由发展，因为它的大量资金就在这个货币市场上，如果它损失了这些钱，它将无法支付各种费用。

没有任何一位英国政治家愿意提出“解散”英格兰银行的主张。理论家可能会把这种建议写在纸上，但任何一个负责任的政府都不会考虑它。即使是在出现最严重危机和英格兰银行发生重大失误的时候，这种提议也没有被考虑过：在英格兰银行资金短缺的 1825 年，在它不得不向法兰西银行求助的 1837 年，这样的想法都没有被提出过。由于不可抗拒的传统，英国政府不得不将它的资金存放在货币市场，并且只存放在这家特殊的银行里。然而这个体系存在着明显且重大的弊端。

第一，因为它是通过国家援助建立起来的，所以它可能比自然的体系更需要国家帮助。

第二，因为它是一个单一储备的体系，所以这使得这个货币市场上的闲置资金比其他任何体系的都要少，因而这个市场更脆弱。由于偿债的储备资金更少，所以准备金管理上的任何错误都会相应地造成更严重的后果。

第三,因为这个单一储备体系的本质就是要求建立一个董事会,因而,我们仅能依赖这个唯一董事会的聪明才智,而不能像大多数行业那样,可以依赖众多竞争对手平均的聪明才智和判断力。

第四,像其他所有董事会一样,因为这个董事会也要在股东的重压之下而分配高额股利,因而他们会持有少额的准备金,而为了公众利益,他们本应该持有更多的准备金。以上四点弊端是与我们的银行体系分不开的,但此外还存在另外一个具有偶然性的弊端。英国政府不仅创建了这个独特的体系,而且还不断地对它造成伤害,并使所有公众丧失了信心。在它被创建之后的一个多世纪里(尽管有时会犯下错误),英格兰银行基本上都在依靠判断力和审慎力在行事。正如我们现在所预想的那样,英格兰银行当时的业务规模很小,但大多数情况下它都在非常谨慎地经营着自己的业务。在1696年,它陷入了十分严重的困境,因而它不得不拒绝支付一部分它的银行券。在很长一段时间里,它都非常惧怕公众舆论,留住公众信任的必要性使得它行事非常谨慎。但英国政府却扼杀了这种必要性。在1791年,由于英格兰银行的准备金处于低位,皮特(Pitt)先生担心他可能无法筹集到足够多的铸币以用于对外支付,因此,他要求英格兰银行不能用现金进行支付。他让这种具有保护作用的忧虑不复存在,而这对所有银行来说本是最佳的保障措施。

有鉴于此,英格兰银行没有用黄金支付银行券的这段时期(1797—1819年)总是被称为英格兰银行的受限制期。由于在这段时期英格兰银行没有履行,而且法律也没有强制它履行用现金

支付银行券的合约，因而这段时期被形象地称为英格兰银行的特许期。但“受限制”一词是十分正确的，而且也是仅有的能够恰当描述1797年政策的词。皮特先生没有说英格兰银行可以不用铸币支付它的银行券；他“限制”它这么做，他说英格兰银行千万不可这么做。

因此，从1797年到新纪元开始的1844年，英格兰银行的董事们从来没有采取过适当的谨慎措施。在他们心中，英格兰银行非常令人着迷，它不必面临普通银行对支付方式的忧虑。存在这种感觉是很正常的。一个不需要以现金形式支付其银行券的发行银行当然令人着迷；在不对自己造成任何伤害以及没有足够制约而可以根据自己的偏好行事的情况下，它可以随心所欲地发放贷款和发行银行券。在大约25年的时间里，英格兰银行就是这种银行，因为在那段时间它不会面临任何危险。自然而然地，公众们会对它丧失信心。自1797年后，公众总是希望政府能够在必要的时候帮助英格兰银行。我不可能完整地讨论1844年条例在1847年、1857年和1866年的破例问题；但毫无疑问，这样做的后果之一就是让人们认为如果英格兰银行陷入绝境，政府总是会帮助它。这是一种趋向于自我证明并导致期望成真的预期。

整体而言，英国财政大臣在货币市场上的地位就是一个将资金大量存入市场、创建了这个市场却又令公众对其失去信心的人。因而，他不能根据自己的想法毁掉这个市场，也不能推卸责任。因此，他必须合理安排他的财政资金以减轻恐慌而不是加剧恐慌。他必须帮助英格兰银行履行责任，而不得妨碍或阻止它履行责任。他的帮助也许会非常有效。在金融方面，他自然是英格兰公众舆论的代言人。而我们就是希望英格兰银行能在这种舆论的引导下行事。在银行业的自然体系下,我们应该依赖利己主义,但是国家禁止我们这样做。我们现在依赖的是公众舆论:公众的支持就是对英格兰银行董事会的一种奖励,公众的反对就是一种严厉的惩罚;而其中最重要的是,财政大臣应该是一个可靠的、得体的代言人。

第五章　伦巴第街确定货币价值的模式

许多人相信英格兰银行在确定货币价值上有某种特殊能力。他们观察到，英格兰银行会不时地改变其最低贴现率，而且其他所有银行都会或多或少地跟随它的脚步，按照英格兰银行的变化程度进行改变。这使得人们疑惑不解：为何如此呢？正如经济学家们所教授给我们的那样，“货币是一种商品，而且仅是一种商品”。那么，人们不禁要问，为什么它的价值以如此奇怪的一种方式被确定下来而与其他所有商品的价值确定方式不同呢？

然而，实际上，要解释这个问题并不难。和其他所有商品一样，货币价值也是由供求所决定的，只是在确定模式上有着本质不同。对于其他商品，所有的大交易商都会确定他们自己的价格，并且他们的出价会尽量低于其他交易商，从而压低价格；而他们还想尽量地从购买者那里赚得更多钱，但是这又会提高商品价格。这一过程就发生在讨价还价的双方之间，也就是亚当·斯密所称的市场的讨价还价决定价格。这也是最简单和常见的商业交易模式，然而，却不是唯一的一种。如果条件允许，另一种模式将被采用。一个单独的大交易商——尤其是当他是最大的交易商时——在确定其价格后，其他交易商会考虑他们是要出价更低，还是要出价更高。如果某种商品的一个主要交易商降低他要采用的最低价格，并坚决维持在这一价格上，那么，这将会在一定时期内对该种商品的价值产生极大影响。这就是伦巴第街确定货币价值的模式。英格兰银行过去是一个居于统治地位的货币交易商，即便是现在，仍然是一个有重大影响力的货币交易商。它会单独地把最低价格降至一点从而处置其股票，而这会在很大程度上使其他交易商接受这一价格，或接近这一价格。

原因是显而易见的。在所有的正常情况下，如果不从英格兰银行获取资金，伦巴第街就没有足够的货币来贴现其所有的票据。当英格兰银行的利率确定下来后，众多想要进行票据贴现的人都会尝试去进行票据贴现，以此来确定他们的票据能以比英格兰银行的利率低多少的贴现率进行贴现。但是，他们却很少能成功地做到这一点，因为如果他们这样做了，那么每个人都会离开英格兰银行，从而使得场外市场拥有超过其承受能力的票据。

在实际中，当英格兰银行发现这一过程正在开始，其业务量正在大幅减少时，它就会降低利率以确保其业务量有一个合理的比率，并保持其相当一部分的存款能够被使用。在荷兰，一项拍卖通常是由卖家确定拍卖底价或最高价，然后改变招标价直到寻找到买家为止。伦巴第街确定货币价值的方式与之大抵相同，只是货币价值的拍卖底价并不是由所有卖家共同确定，而是由一个具有重大影响力的卖家确定，它的供给量是至关重要的。

关于英格兰银行能控制货币市场，并能随意地改变贴现率这一观点，在 1844 年以前就已得到认可，那时，英格兰银行可以发行任意数量的银行券。但是，即使在彼时，这一观点也是一个错误。

一个具有银行券发行垄断权的银行能在货币市场上拥有瞬时的巨大能力，却不能拥有永久的能力：它能够在任何特殊时刻影响贴现率，却不能影响平均利率。原因是，由这样的银行恣意导致的货币价值的瞬时性下降，会使得货币价值本身趋向于创造一个瞬时的等量上升，因而平均而言，货币价值并未发生改变。

它是这样发生的。假设一个具有银行券发行垄断权的银行突然比平时多发行 2,000,000 英镑的银行券，它会使交易量和价格成比例地增加。借得这 2,000,000 英镑的人们并不是要把它贮藏起来；用市场的语言说，他们借得这笔资金，是用来“运作的”，也就是说，他们要用这笔资金进行购买。这种购买的新尝试形成了新的需求，从而提高了价格。这种价格提高会带来三个后果。第一，它使得其他任何人都想借入资金。此时的货币购买力已不如从前，因此交易者们为了进行相同的交易就需要更多的货币。如果相对于去年，今年的铁路股票价格上涨了 10%，那么一个投机商为了能够进行交易，就要比去年多借入 10% 的资金，其结果便是导致贷款的需求扩张。第二，这是一种有效需求，因为铁路股票价格的上涨使得那些想获得它的人要借入更多的资金。通常，实际中会让借入资金占这种证券的市场价值的一定比例，如果证券的市场价值上升，那么为获得它们而需要的贷款数量也会上升。因此，通过这种方式，任何人为的货币价值下降，都会导致货币需求的新扩张，最终将会使得货币价值恢复到自然水平。在任何行业，这都是众所周知的：一个受刺激的市场会迅速变成一个紧缩的市场，因为企业家们是如此地乐观，以至于一旦当他们可以获得不同于平常的贷款便利时，他们总是幻想着这种便利会比实际中的更

大，然后他们会进行投机，直到他们想获得的超过他们能获得的为止。

在这两种方式中，尽管银行券发行者的非预期贷款会瞬间降低货币的价值，却不能永久性地降低它，因为它们会产生其自身的反作用。并且，不论所发行的银行券能否兑换成铸币，它们都会起作用。和1819年之后比起来，在1797—1819年的银行受限制期间，英格兰银行对货币市场没有绝对的控制力，而在它被强制要求用铸币兑换银行券的1819年之后，它也没能强化它对市场的控制。但是，在可转换纸币的情况下，存在一个“第三种效应”，这种效应和前两种方式的运行方向相同，但是更迅速。仅限于一个国家时，该国价格的上涨趋向于增加进口，因为如果其他国家把货物卖到该国，则它们能获得更多收益；但是价格的上涨却会削弱出口，因为在价格上涨之前，如果一个商人从该国购买商品再卖到别处能获得利润的话，那么当价格上涨之后，即使这一利润还存在，也将不如从前。这种进口的扩张会导致该国债务的增加，而出口的减少也会导致以通常方式偿还债务的比例下降。其结果便是，需用黄金支付的债务比例提高。从而导致持有准备金的一家或多家银行的黄金储备量减少。而且，它们必然会提高利率以控制黄金流出量。由此造成的银根紧缩常常大于或基本等于之前的非正常银根松弛。

因此，没有理由相信那种流行观点，即货币价值的决定因素不同于其他商品价值的决定因素，或者英格兰银行在这一问题上具有绝对权力。它拥有成为大量货币持有者的能力，除此之外，并无其他。即便是在此之前，那时它的货币权力更强大而其对手更脆弱，它也没有绝对的控制力。它仅是一个大的公司交易商，它会给出货币价格并对其他交易商产生重大影响，但对它们绝没有强制性。尽管货币价值不是以一种特殊方式被确定下来的，然而正如其他许多商品一样，它也有其特殊性。它是一种受制于价值剧烈波动的商品，其数量的轻微增加或缩减都易造成这些波动。当达到某一点时，货币就会成为一件必需品。如果有个商人明天需要承兑汇票，那么他今天必须得以某个价格筹集资金，正是全体商人们对货币的这种迫切需求使得货币价值的变化如此奔放以致在大恐慌时期达到了这样的高度。另一方面，货币也易于变成一种“滞销品”，正如该词所表达的那样，其数量很快会过多。可承兑票据的数量是有限的，并且不能快速增加；如果寻求可承兑票据的货币数量多于它们的正常承受量，那么货币价值很快就会下降。你或许会经常听到，市场上的票据没人持有——当然是指优质票据；而当你听到这一消息时，你也许可以确定货币价值处于相当的低位。

如果货币都被其拥有者所持有，或被不付利息的银行所持有，那么货币价值可能不会下降得如此之快。用市场的话说，货币是“坚挺”的。持有者们也没有必要把资金全部用掉，他们只需以高利率用掉一部分即可，而不是以低利率用掉全部。但是在伦巴第街，大部分货币被支付利息的人们所持有，因此这些人必须把它全部用掉，或几乎全部用掉，因为他们要支付很多利息，除非他们也收到很多利息，否则他们将破产。这些人不太在乎他们运用资金的利率是多少，因为他们可以成比例地减少其所要支付的利息。对他们而言，至关重要的是以某一利润率运用资金。如果你持有需要支付利息的其他人的数百万资金（如伦巴第街中的某些人所做的那样)，数学会告诉你，如果你拿着这些钱却无所作为的话，那么即使你支付的利息并不高，你依然会很快破产。

因此，货币价值的波动相较于其他许多商品的价值波动而言更为剧烈。有时会有过度的压力来借入它，有时会有过度的压力来借出它，因此其价格会被迫上下波动。

这些思考能够使我们估计我们的体系赋予英格兰银行的职责以及每个银行体系赋予持有黄金储备或能将法定货币转换成黄金的某一家或多家银行的职责。这些银行绝不会控制货币的永久价值，但它们能够完全控制其瞬时价值。它们不能改变平均价值，但是它们可以决定偏离平均价值的程度。如果居于支配地位的多家银行经营出现问题，那么利率将会在某一时期额外高，而在另一时期额外低：最初将会出现非理性狂热，随后将是致命暴跌。但是，如果它们经营良好，那么利率将不会过多地偏离平均水平——它既不会升高太多也不会降低太多。只要其他任何情况都能保持稳定，那么货币价值也会保持稳定，也许贸易也会保持稳定——至少周期性波动的主要影响会远离它。

第六章 为何伦巴第街时常缺乏活力而有时又过于活跃

在一个现金有效利用、即期应偿债务数量巨大的国家里，任何会导致现金巨大需求的突发事件都可能引发恐慌或趋向于引发恐慌。在这样的一个国家里，一份巨大的信用依赖于一份较少的现金储备，当这一储备发生意外而大量减少时，会很容易破坏这份信用——即使不是完全破坏，也是极大地破坏。这类意外事件具有易于变化的特征：糟糕的收成，对外国入侵的恐惧，一个人人信任的大公司的突然破产，都会造成对现金的意外需求。并且，有些学者已经致力于根据引起恐慌的特殊事件的特征来对恐慌进行分类了。然而，我认为，这种分类收效甚微。不同事件对我们的信用系统的影响差异是很微小的。我们必须为所有意外事件做好准备，而且准备方式都是一样的，即持有大量的现金储备。

但需要重点指出的是，我们的产业结构不仅易受不定期的外部事件影响，而且也易受定期的内部变化影响；这些变化使得我们的信用体系在某些时期比在其他时期更加脆弱。这种脆弱性的周期性循环已引起注意，那就是恐慌遵循一个固定的规律——大约每十年我们就要经历一次恐慌。

开始思考恐慌问题的大多数人在其初始阶段就遇到了困惑。

他们听到了太多关于“繁荣时期”和“萧条时期”的言论。在“繁荣时期”里几乎每个人都生活富裕，而在“萧条时期”里几乎每个人都相对贫穷。首先，人们很自然地会问，为什么是每个人或几乎每个人都一同生活富裕呢？为什么会出现产业的巨大起伏——在繁荣期会产生巨大利润，而在萧条期却会出现巨大损失？这一问题的主要答案很难在我们的政治经济学的一般书籍里被明确给出。这些书籍不会告诉你在繁荣时期是什么资金产生了巨大的一般利润，也不会解释在萧条时期为什么出于相同目的的资金却不可获得。

我们目前的政治经济学并未充分地考虑把“时间”作为贸易行为里的一个要素；但是，一旦一个社会中建立了劳动分工，两条原则将立刻变得重要，而“时间”将成为它们的本质要素。这两条原则是：

一、因为商品的生产是用于交换，那么它们越快被交换越好。

二、因为每一个生产者主要占有的是别人想要而他自己不想要的商品，所以他最好总是能够在毫不费力、没有延迟、没有不确定性的情况下找到他所生产商品的需求者。

本质上讲，这两条原则是显而易见的。待售商品能够卖出时就应尽快卖出，一个待业者能够工作时就应尽快找到工作，关于这一点，每个人都会认为这是正当的。只要劳动分工真的建立起来了，关于这两条原则的运行会存在一个困难，这也是显而易见的。例如，A 生产一种他认为 B 需要的商品，但也许这是一个错误，因为 B 可能并不需要这一商品。A 也许能够并愿意生产 B 所需要的商品，但是他也许并不能找到 B——他可能甚至不知道 B 的存在。

这两条原则的普遍真理性是明显的，但是它们的极端效果却是不明显的。一同运行时，只要繁荣和萧条是真实的而非虚幻的，那么它们就会造成贸易活跃期的巨大繁荣与贸易停滞期的巨大萧条之间的整个差异。如果这两条原则的条件被满足，那么每个人就会知道为谁工作，生产什么，并能立即在交换中获其所需。整个社会将不会存在闲置劳动力和闲置资本，其结果便是，所有能被生产的都被生产出来，人类劳动的效率将大大提高，两类生产者——资本家和劳动者——都将比以往更富裕，因为在他们之间分配的资本也比以往更多了。

此外，行业之间存在一种共生关系（partnership）。某一个大行业的萧条不可能不影响其他行业，而众多行业的萧条更是如此。当一个行业繁荣时，很可能会购买和消费大部分（肯定是许多）其他行业的产品，因此，如果行业 A 不景气且处于困难当中，那么向其出售产品的行业 B、C、D 将不能再卖出依靠 A 的需求的那部分产品，而且日后它们的生产会停滞，直到行业 A 复苏为止，因为在缺少 A 时，不会有其他人来购买它们生产的产品。然后，如果行业 B 购买行业 C、D 等的产品，那么行业 B 的萧条将传染到行业 C、D 等；如果 C、D 又购买行业 E、F 等的产品，那么这种效应会在整个产业链中传播。并且在某种程度上它还会反弹。如果行业 Z 感到由于行业 A、B、C 的消费减少而使其收益减少，那么它就不会生产行业 A、B、C 所需的那么多产品，这同样会导致收益减少。在所有这些过程之中，货币只是一种工具。如果不是由于时间和必然会遇到的困难使得物物交换在很大程度上变得无法实现，那么同样的事情也会很容易地发生在物物交换中。正如所解释的那样，基本原因在于，在一个人与人之间互相依靠的系统中，一个人的损失会扩散并成倍地传播到整个系统中，之前劳动分工体系的完善程度越高，这种扩散和成倍传播的速度就越快，而且交换模式也会越精巧、越有效率。任一大行业的萧条所产生的全部影响需要很长一段时间才能显现出来。在其完全显现出来之前，它需要被传播，并在众多行业中循环。结果便是，短期萧条几乎不会产生任何可识别的后果；在我们了解到其效果之前，它们就已结束。只有在发生连续大萧条的情况下，其产生原因才能有足够的时间发挥作用，从而引起可识别的效果。

最常见的也是目前最重要的关于一个行业的萧条引起其他所有行业萧条的例子便是农业的萧条。当全世界的农业都萧条时，食品就会变得昂贵。而且由于人们所消费的绝对必需品的数量不能大幅减少，因此花费在绝对必需品上的额外资金就会很多，这削减了往常花费在其他商品上的资金。由于谷物价格的上涨，所有行业，从行业 A 到行业 Z，都会或多或少地受到影响，最受影响的就是那些生产的商品平时多被劳动阶层消费的大行业。服装业迅速感受到了不同，酒类贸易（英国收入的一大来源）也几乎同时感受到了差异。尤其是当出现两三年收成不佳而谷物长期昂贵时，每一个行业都会变得贫穷，并且几乎变得更穷的每一个行业也都会使其他行业变得更穷。所有贸易都会由于消费减少而陷入萧条，其结果便是形成庞大的闲置资本、众多的闲置劳动力和大规模的暂缓生产。

整个灾难的发生需要两三年时间，同样，其恢复也需要两三年时间。如果谷物长期廉价，那么劳动阶层就要在其所需的商品上花费许多。而这些商品的生产者们会富足起来，并且形成一个更大的购买力。他们会使用这一购买力，而这会在与之进行交易的另一个阶层中创造出购买力，最终会在整个社会中创造购买力。整个产业体系就这样被激发出了它的最大能量，正如之前它被缩减到其最小能量时一样。

任一重要行业的巨大灾难都会趋向于产生同样的效果，但是，对于劳动者的收入花费在其上的行业而言，其命运要比其他所有行业的命运更加重要，因为它们的命运会很快地对众多的购买者产生影响。原则上讲，如果劳动分工十分完善，那么只有在每一个行业都十分繁荣的情况下才能达到所有行业的共同繁荣。因此，目前为止，根据这一自然原则，所有行业都应持续、平稳且均衡地发展，毫无疑问，无论是从理论上还是从实践上，我们都能清晰地知道，必然会存在一个快速的扩张期，也必然会存在一个紧缩和停滞期。

这并非现代工业社会中唯一可变的因素。信用——一个人对另一个人的信任——是非常易变的。在英国，经历一次大萧条之后，人们会变得互相怀疑，只要萧条被忘记了，人们之间便会重获信任。在欧洲大陆，关于信用应不应该被称作“资本”这一问题存在激烈争议。在英国，曾经对抽象经济的极小关注如今都已不复存在，至少，没有人在意这类精细问题：用 M. 希瓦利埃（M. Chevalier）的话说，实用观点认为，信用是“附加的”或额外的——当信用具有良好的生产力时，它就更具效率；当信用具有糟糕的生产力时，它就缺乏效率。之前所解释的两条原则的存在，使得信用具有影响力。信用状况良好时,商品易手的时间就要短于信用状况不好时。此时,销售会更快,中介商会更容易借入资金以扩大交易,并且越来越多的商品会更加快捷地从生产者那里转移到消费者那里。

这两条可变因素就是真实繁荣的动因。它们扩大了贸易和生产,因此大有裨益,除非是商品被错误地生产了,信用被错置了,或者一个不能生产任何所需商品的人由于人们误认为他能生产这类商品而窃取了人们的劳动成果。但是,还有一个可变因素,比起真实繁荣来它更能产生表面繁荣,并且它的效果在实际生活中常与其他因素相混淆。

在我们常见的投机行为中,我们并没有充分地记住产生于货币的利息是一个精炼概念,而不是一个普通概念。实际上,它远非普通概念,而大多数国家中的大部分存款人都会拒绝这一观点。大多数国家的大部分存款都以贮藏铸币的形式存在。在亚洲,在非洲,在南美洲,甚至是在大部分欧洲地区,它们都是这样存在着的,如果让货币脱离他们的保管,大多数所有者都会感到害怕。一个英国人——至少是一个现代英国人——会把能够"将资金放在一个安全项目上,并获得5%的年收益率"作为其首要原则;但是,大多数国家的大部分存款人都害怕"把钱放到"任何事情上。在他们的脑海中没有什么是安全的。实际上,由于糟糕的政府和落后的工业,大多数国家中的所有投资或几乎所有投资都不是绝对安全的。在大多数国家,许多人愿意放弃投资;但是在更为先进的国家,有时寻求投资的存款会多于已知投资所需的资金,有时就没有这种多余。麦考利勋爵(Lord Macaulay)曾形象地描述了其中的一次储蓄过剩时期。他说："在王朝复辟*与光荣革命期间，国家的富人们迅速增加。许多工作的人们发现，每到圣诞节时，从家庭年收入中扣除年开支后，还有一份剩余；而这份剩余如何使用却是一个难题。在我们的时代，将这份剩余以超过3%的收益率投资在某项事情上，如投资在已知的世界上最安全的证券上，那是相当便捷的事。但在17世纪，一个有些积蓄的律师、医生或退休商人，即使想把这些积蓄以安全而有利可图的方式存放起来，也是相当困难的事。三代人以前，如果一个人通过某一职业而积累起了财富，通常他会购买实物资产，或者将他的储蓄以抵押贷款的形式借出去。但是，英国的土地面积是始终未变的，尽管这些土地的价值已经有了巨大增长，但其增长速度绝不会赶得上寻求投资的资本数量的增长。许多人特别想把他们的资金放在能够在一小时之内就收回的地方，因而他们会寻找那些比一座房子或一块土地更易变现的投资资产。一个资本家可能会投资于船舶抵押贷款，或者私人证券；但是，如果他这么做了，他就要承受失去利息和本金的巨大风险。英国存在一些股份制公司，其中，东印度公司处于首要位置；但是，对这些公司股票的需求远远超过了它们的供给量。实际上，成立一家新的东印度公司的呼声主要来自那些在优质证券上获得投资收益存在困难的人们。这一困难如此之大，以至于人们都习惯于贮藏货币。据说，教皇的父亲，就是那个诗人，在光荣革命期间从伦敦金融城退休后就拿着一个装有近两万英镑的保险箱退隐起来，不时地取出货币而用于日常开销；这很可能并非特

* 王朝复辟指1660年斯图亚特王朝复辟，查理二世登基。——译者注

例。现在,由私人贮藏的货币数量是如此之少,即使投入使用,也不会对流通量产生可察觉的影响。但是,在威廉三世统治初期,所有研究通货问题的伟大学者们都认为,有相当数量的金银都被藏在了秘密橱柜和墙壁之中。

“这种状态的自然结果便是,一大批计划者们,不管是机敏的还是愚笨的,诚实的还是狡诈的,都投身于为过剩资本的运用而制订新计划上了。大约在1688年,伦敦首次出现了‘股票经纪人’这一名词。在之后的短短四年间,一大批公司都涌现出来了,并且非常自信地给予投资人以获得巨大收益的希望,这些公司包括保险公司、造纸公司、绸缎公司、珍珠养殖公司、玻璃器皿公司、明矾公司、布莱斯煤炭公司、刀剑公司。有一家制棉公司,其漂亮的窗帘很快就挂满了所有中产阶级的客厅和上流社会的卧室。有一家铜业公司,提出要开采英国的矿山,并坚信它们能和波托西(Potosi)*的矿山一样有价值。有一家潜水公司,承担从失事船只中搜救珍宝的任务,并且宣称它拥有许多类似于潜水服的精妙机器。在头盔的前面是一个酷似独眼巨人的大型玻璃眼睛,在其顶部之外有一个输送空气的管子。整个过程在泰晤士河上进行了演示。优雅的绅士和小姐们都受邀观看了演出,并被热情款待,他们看到潜水员全副武装之后深入水下,随后又带着古币和船只索具上岸,感到欣喜若狂。有一家格陵兰渔业公司成功地把荷兰捕鲸船和捕鲱船赶出了北海。有一家制革公司许诺会制出比从土耳其和俄国买来的皮具更好的皮革。有一家机构承担以低价为绅士们提供普

* 波托西,玻利维亚西南部的一个矿产丰富的城市。——译者注

通教育的任务，而且它有一个响亮的名字——皇家学术公司。在一个浮夸的广告中它宣称，皇家学术公司的主管们已经雇用了各学科的精英，并且要以每份20先令的价格发行2,000份彩票。届时，将举行一次抽奖活动——设立2,000个奖项，幸运的中奖者将会由公司负责教授拉丁语、希腊语、希伯来语、法语、西班牙语、圆锥曲线学、三角学、纹章学、涂漆制作、边防学、簿记学以及弹奏希尔伯琴。”

那场恐慌已被忘却，直到麦考利勋爵重新唤起了这份记忆。但事实上，在从未被忘记的南海泡沫(the South Sea Bubble)事件中，其形式是相同的，只是更加过度。在那一狂热时期，公司们追求的都是这些：“在爱尔兰海岸打捞失事船只；马匹和其他牲畜保险(200万英镑)；仆人损失保险；海水净化；为私生子建立医院；为防御海盗而造船；从向日葵的种子中提取油脂；增加麦芽酒的生产；恢复海员的工资；从铅中提取银；把水银变成可锻造的纯金属；用煤炼铁；从西班牙进口一大批种驴；进行假发贸易；饲养肥猪；研制永动轮。”但是其中最奇怪的也许是，“从事一种不久就要出现的事业”。每一个投资人都需要支付2几尼*金币，然后得到面值100几尼的该公开项目的股票；由于交易十分诱人，所以一天清晨就有1,000个投资者支付了资金，而当天下午发起人就消失不见了。在1825年，公司投机几近疯狂；就在1866年之前，也发生了一起特征相似但程度稍逊的事件。事实上，存款所有者们并没能找到像其往常投资那样的投资机会，从而涌向了任何看似能提供

* 几尼是英国在1663年发行的一种金币，1几尼=21先令。——译者注

美好收益的投资项目，当他们发现这些徒有其表的投资能带来高利润时，他们就越来越多地涌入其中。人们的首要目标是获取高额利息，但很快这一目标就退居其次。另一个目标就是通过售卖能够产生利息的本金而获得巨大收益。只要这些售卖是有效的，那么疯狂就会继续；当这种疯狂不再能够影响他们时，破产便开始了。

只要这些存款依然掌握在其所有者手中，那么在投机事业上的这些冒险投资就是超过良好投资以上的资本过度积累所产生的全部影响。这对英国的一般贸易影响甚微。存款所有者太过分散且远离市场，所以他们并不能改变大部分的商业交易。但是，当这些存款聚集在银行家手中时，就会产生更广泛的结果。银行家接近商业生活，他们总是准备着投资于优质商业证券；他们希望把大部分存于他们这里的资金投资在这类证券上。因此，如果投资于该类证券的资金异常巨大，并且长期持续如此，那么假以时日，英国的一般贸易就要发生改变。银行家们将日益愿意借钱给商人。贷给商人的钱越多，就会有越多的交易发生；随之就需要更多的商品，最终，将使价格越来越高。

在信用改善时，价格的上涨是迅速的。一般而言，价格主要取决于批发交易。零售商会在批发价上面提高一定比例，当然，并不总是固定比例，但基本相同。给定大部分商品的批发价后，通常你就能够知道它们的零售价。现在，批发交易一般不再是现金交易，而是票据交易。票据有效期随着商业惯例而变化；它可能是两个月、三个月或者六周，但它始终是一张票据。信用良好期意味着在此期间，许多人的票据都会被欣然接受；信用不良期意味着在此期间，只有很少人的票据会被接受，即使是被接受的票据也会遭人怀疑。在信用良好期间，有众多的强势买家；而在信用不良时期，只有少数的弱势买家。因此，在没有干扰因素的条件下，信用改善期就是价格上升期，而信用衰退期就是价格下降期。

这就是谚语“约翰牛*能够忍受很多事，却不能忍受2%”的含义。它的意思是这三个重大因素的最重大影响几乎专属于英国：在且仅在英国，超过投资所需的剩余存款会放在银行里；在且仅在英国，如此使用的资金会对贸易产生重大影响；在且仅在英国，由此会导致价格受到重大影响。在这些情形下，长期延续的低利率，就相当于贵金属的整体贬值。杰文斯教授（Professor Jevons）在他那本关于黄金的大量发现所产生的影响的书中提出了（据我所知这是首次有人提出）在人们准确判断永久贬值之前消除黄金价值的临时性变化的必要性。他证明了在1847年和1857年之前的几年间，价格存在一个普遍上涨；而在随后的几年中，价格却有一个巨大回落。通过必要的修正，我们也能够知道，在1866年前后，可能也发生了同样的事情。

目前，我们仍然有一个显著的例子，1871年12月30日的《经济学人》杂志上有一篇文章对其做了分析，我斗胆全文引用如下：

商品价格的大幅上涨

大多数人都意识到英国的贸易处于相当活跃的状态。所

* 约翰牛（John Bull）代指英国。——译者注

有的一般测试(收入状况、银行票据交换所的数据、进出口的收益)都清晰地表明了同一种情况。但是,我们认为,很少有人考虑过当前的一个显著特征,或者充分地分析了它的结果。这一特征就是在去年的贸易中,大多数主要商品的价格存在一个大幅上涨。我们在这篇文章的最后列出了一个商品清单,并与商业中的一流商品进行了比较。我们将会发现,尽管价格的上涨并没有波及全部商品且幅度也不一致,但却非常显著且具有普遍性。最明显的例子如下:

		1月			12月		
		英镑	先令	便士	英镑	先令	便士
南方产小羊毛	每包	13	0	0	21	15	0
普通高山棉	每磅	0	0	7.25	0	0	8.375
40号走锭纱	每磅	0	1	1.5	0	1	2.5
英国产铁条	每吨	7	2	6	8	17	6
1号生铁(克莱德)	每吨	2	13	3	3	16	0
铅	每吨	18	7	6	19	2	6
锡	每吨	137	0	0	157	0	0
铜片	每吨	75	10	0	95	0	0
小麦(公报的平均价)	每夸特	2	12	0	2	15	8

而对于其他商品来说,价格趋于上涨的明显多于价格趋于下降的。

价格的普遍上涨不是由于限额商品供给的减少,就是由于它们需求的增加。无疑,在一些例子中存在供给减少。因此,家庭饲养绵羊数量的减少对羊毛价格产生了重大影响。

1869 年家庭饲养绵羊数量：	29,538,000 只
1871 年家庭饲养绵羊数量：	27,133,000 只
绵羊数量减少量：	2,405,000 只
绵羊数量减少比例：	8.1%

在其他的一些例子中，可能有同样的因素在起作用。但是，当考虑全英国的商品供给量时，正如进口量的一般统计数据所显示的那样，其供给量并未减少，反而是增加了。贸易委员会的统计报告以一种惊人的方式证明了这一点。我们将在后面给出一些重要商品的数据表。因此，价格的上涨必定是由于需求的增加，但我们首先要问，是什么导致了需求增加？

我们认为是三个因素——低利息、廉价谷物和改善了的信用——共同导致了需求的增加。对于第一个因素，乍一看确实会觉得需求的普遍增长一定是由贵金属的贬值导致的。确实，许多不太惊人的争议性事实已经被说成是证明了这一点。然而，实际上是货币购买力出现了明显下降，尽管这一下降并非普遍而持久的，而是局部性和临时性的。贵金属的特殊性在于其价值在异乎寻常的长期内取决于市场中它们的存量。从长期来看，它们的价值像其他所有商品一样，决定于其进入市场的成本。但是，从短期来看，却是市场中的供给量决定了价格，而在英国，这一供给量是极易变化的。例如，在1866 年的商业危机之后，发生了两件事：第一，我们收回了我们在国外的债务；第二，我们要求这些债务以现金形式而非商品形式偿还给我们。在忽略微小因素后，主要是这一原因，使得英格兰银行的黄金储备从 1866 年 5 月的 13,156,000 英镑增加到1867年1月的19,413,000英镑,增加了超过6,000,000英镑。然后,是第二个因素导向了同一方向。在萧条时期,英国的储蓄增加明显快于其支出。一个有储蓄的人并不知道如何使用它们。这些新的未用储蓄就意味着多余的货币。除非储蓄被用于投资或其他,否则它就只能以现金的形式存在:一个农民卖出他的小麦后得到100英镑,他就以现金或类似现金的形式持有这100英镑,直到他能以某种有利可图的方式使用它为止。也许他会把这笔现金存入银行,而这将使其产生更大的效果。如果3,000,000英镑被存入银行,而银行只需持有1,000,000英镑作为准备金,那么就能释放2,000,000英镑,也就相当于暂时增加了2,000,000英镑的通货。作为一条原则,它可以表述为所有新的未用储蓄要么要求增加贵金属的储备,要么要求提高银行节约这些贵金属的效率。换言之,在全国产业只有储蓄而没有投资的时期,我们需要积累黄金并提高其使用效率。因此,如果一个储蓄期紧随外国信用削弱且外债收回之际出现,那么,我国黄金数量的有效增加将极其巨大。从外国收回的原有货币和代表新增储蓄的新生货币将共同发生作用。它们的自然趋势便是引起物价的普遍上涨,以及货币购买力的普遍下降。

至此,在货币市场最近的历史中,并没有什么事是特殊的。类似事件在1847年和1857年的恐慌之后也同样发生了。但是,就现在而言,也存在另一个类型相同、作用方向相同的因素。这一因素就是目前存于伦敦的外国资金的数量,尤其是外国政府资金。也许,不曾有哪个政府像如今的德国政府那样能够支配如此多的资金。宽泛地说,(伦敦存放外国资金)导致了两件事的发生:在战争期间,英国是外国资金的最佳存放地,这使得在英国的货币比这些货币本来的价格更低;在战争之后,英国成为了最方便的支付地点,这再一次使得货币价值变得更加低廉。此时,已有诸多先例的商业因素得到了从前没有先例的强大的政治因素的辅助。

但是,尽管高价格必然需要许多资金,尽管这些资金有引起高价的自然趋势,但单靠其本身并不能引起高价。在我们所处理的例子中,为了使价格降低,不但需要额外的货币,而且还要有一个适当的方式来使用这些货币。如果我们记得扩增的货币因何而来,这一问题就显而易见了。它源于人们的储蓄,并且只有在持有者以其自认为合适的方式投资这些储蓄时才会产生。它不能用于平常消费,它将会以某种违背其本质的方式被运用。需要以一种新渠道来运用这些新增资金,否则它们将不会提高价格。它们会被闲置在银行中,如我们经常看到的那样。我们还将看到贸易萧条和货币价值低廉并存的常见现象。

在这一例子中,需求也以各种最有效的方式增加了。在1867年和1868年上半年,谷物价格昂贵,如下表所示:

小麦的公报平均价(GAZETTE AVERAGE PRICE)

	先令	便士		先令	便士
1866年12月	60	3	1867年10月	66	6
1867年1月	61	4	1867年11月	69	5
1867年2月	60	10	1867年12月	67	4

1867 年 3 月	59	9	1868 年 1 月	70	3
1867 年 4 月	61	6	1868 年 2 月	73	0
1867 年 5 月	64	8	1868 年 3 月	73	0
1867 年 6 月	65	4	1868 年 4 月	73	3
1867 年 7 月	65	0	1868 年 5 月	73	9
1867 年 8 月	67	8	1868 年 6 月	67	11
1867 年 9 月	62	8	1868 年 7 月	65	5

从 1868 年下半年起，价格开始下降，在整个 1869 年和 1870 年期间，小麦都相当便宜。在工业的每一个部门，这种廉价的效果都是强烈的。由于食物价格低廉，工人阶层的食品消费支出锐减，从而有更多资金能够花在其他事情上。结果，几乎所有行业的需求都有一个温和的增长。而这几乎总是会导致可以被称作工具性行业（instrumental trades）——生产许多商业部门所需的机器和仪器以及它们所需的原材料的行业——的巨大增长。以钢铁业为例：

		吨	吨
1869 年	出口额	2,568,000	
1870 年	出口额	2,716,000	
	合计		5,284,000
1867 年	出口额	1,882,000	
1868 年	出口额	1,944,000	
	合计		3,826,000
	增长额		1,458,000

也就是说，世界范围内的廉价谷物创造了多种商品的新需求；借助于钢铁行业的支持，许多这样的商品得以生产，这也在某

种程度上促使了钢铁的出口，从而使这一效果具有叠加性。所有与钢铁生产相关的人们都变得富裕起来，有更多的资金可以支配，并且通过使用这些资金而刺激其他制造业，这可以再次扩大需求；而这些制造业又可以在第三个层次上刺激其他相关产业。

目前，谷物价格的确并不十分低廉。但是，即使它比当前更贵，它也绝不能阻止由之前的廉价所创造的巨大贸易。这一“球体”——如果我们可以这样说的话——在 1869 年和 1870 年开始滚动起来，然后在某些行业中创造了需求的巨大增长，并传播到了所有行业中。而超高价格的持续将会产生相反的效果：它会在某些行业中缩减需求，然后这一效果会逐渐地扩散到所有行业中。但是，像今年的价格微弱上涨并不会产生可识别的效果。

当廉价谷物的刺激效果作用于廉价货币上之后，价格迅速普遍上涨的所有条件就会得到满足。这种新的用途为货币投资提供了一个新方式。大量大额的票据将被签发，然后英国的储蓄将会通过银行机构和票据贴现所而被投资于这些票据上，从而会形成一种新的需求以及满足这一需求的新资金，其结果便是如上表所示的价格的普遍且显著的上涨。

信用的恢复也助长了价格的上涨。无须赘言，这极大地推动了购买，因而极大地推动了价格上涨。自 1866 年以来，信用就逐渐复苏，尽管非常缓慢，却可能达到了其应有的合理程度。现在我们信任许多值得我们信任的人，同时没有过度疯狂地错置信任而使我们信任本不该信任的人。

上面解释的过程就是一般过程。银行家们手中剩余的可贷资本并没有被他们以原始方式运用起来，而几乎总是投放在已经增长、已经改善的行业上。如此使用的资本进一步地刺激了这一行业，并再次扩大和刺激了其他行业。在工业停滞的状态下，资本可能会长期闲置；经验丰富的银行家们所认定的优质商业证券不会增加，并且他们不会发行其他证券，或接受劣质证券。

在扩张性行业的大部分时期，三个重大因素——大量的可贷资本、良好的信用、因劳动和资本的更优配置而增加的利润——会同时发挥作用；尽管每一个因素会自发起作用，但有一个恒定的原因会使它们在大多数时候都共同发挥作用。从萧条期开始算起，它们都会趋向于共同增长。在这样的时期，信用是糟糕的，工业生产是不足的；供给品的价格通常较高，它们的高价也是造成萧条的原因之一。当萧条期开始后，不管是否存在大量的可贷资本，它都会很快过剩。保守的人们像在繁荣期一样，在萧条期也进行部分储蓄；实际上，由于萧条期的价格更低，所以收入只有微小变化和收入固定不变的人可以通过更好的方式进行储蓄。沉寂的贸易并不能提供新的证券以供新增储蓄进行投资，因此很快便会形成可贷资本的剩余。在危机发生一两年后，信用通常会改善，因为人们会记住在危机期受损的信用变得越来越微弱后所带来的灾难。必需品会重回正常价格，或者由于某种暂时性因素，一些大型产业会快速复苏。因此，在这些时刻，上面所解释过的三大因素会强力推动贸易发展，而且会同时发挥作用。

必然结果就是国家繁荣的重现——国家有如神助般向前发展。但是只有一部分繁荣是有坚实基础的。只有基于产量的更大

增长及产销对路——每种商品都能更快地到达需求者那里——的繁荣，其基础才是牢固的。人类劳动更具效率，才能有更多资源在人们之间分配。但是，基于价格普遍上涨的繁荣，只是如海市蜃楼一般。价格的普遍上涨只是名义上涨；不管一个人在其所卖商品中获得多少，他都要在其所购商品上失去多少，因此他只是原地踏步。价格普遍上涨的实际效果仅是这些：第一，它使固定收入者变得贫穷，因为他们在作为消费者遭受损失的同时，并没有获得收益。第二，它给价格上涨前的固定资本带来了额外利润。在这里，供给者获得了收益，却没有像需求者那样遭受任何同等的损失。第三，工业“基础原料”行业中的固定资本所获得的收益是最大的，例如煤炭和钢铁行业。因为这些原料是所有行业所需的，而且在发生价格的任何普遍上涨时，它们都一定会比其他商品上涨更多。每个人都想得到它们，而其供给量却不能快速扩张，因此它们的价格会迅速上涨。但是，对整个国家而言，价格的普遍上涨毫无益处；它仅是相同商品同一相对价值的名义上的变化。然而，大多数人却因此而更加高兴；他们自认为变得更加富有，尽管事实并非如此。此外，由于所有商品价格的上涨并非同时发生，而是逐渐在整个社会中传播，所以那些首先获益的人才会真正获益；但是，由于最初所有人都相信当其自己的商品价格上涨后他就能够获得收益，因而整个商业世界便充斥着浮夸的兴奋。

这种繁荣即使是真实的，也是不稳定的；如果是虚幻的，则一定是短暂的。扩大的生产才是真正繁荣的原因，它有赖于整个工业组织——所有的资本家和劳动者的全副运转；这种全副运转创造了这一繁荣，当其停止时，繁荣也会随之停止。但是这种全副运转易于被任何重大产业的重大灾难所破坏。这会使得依靠这种全副运转的产业遭受灾难，并且，如所解释的那样，会传播到整个社会，从而导致再次出现衰退。但是，每一个这样的产业都会发生严重的波动，而最重要的粮食产业会发生最严重、最突然的波动。它们会受自然灾害的影响。全世界一年的歉收，或者即使是仅发生在英国的连续两三年歉收，都会极大地提高谷物价格，并使其保持在高位。并且，谷物价格的一次巨大而持久的上涨会立即破坏之前景气时期的异常繁荣的所有真实部分。它会将这部工业机器的全副运转变成不完全运转，它会使这部机器比平时产能更低而非更高，从而令之前在生产者之间分配的多于平均水平的份额，立刻变成少于平均水平。由可贷资本的异常丰富和随之而来的价格上涨所造成的表面繁荣不仅易于形成反作用，而且一定会造成反作用。经历一个更长时期的作用后，制造这一繁荣的相同因素将会制造一个同等的萧条。过程就是：可贷资本的充足性会导致价格上涨；而价格的上涨会导致在同一贸易中需要更多的可贷资本。在高价时，100,000 英镑所能购买的商品将少于在低价时，它在贸易中的有效性将下降；要想对同样的商品做出相同的改变，在昂贵时期就比在便宜时期需要更多的资金。即使假定贸易保持不变，在上面所描述的价格上涨后也比在价格上涨前需要更多的资本进行贸易。但是在这种情形中，贸易并不会保持不变，它会增加到某种程度，很可能幅度很大。导致价格上涨的这种“可贷资本”投入到贸易中而使其扩增。可贷资本会闲置在银行中，直到某一行业开始繁荣，然后它会为发展这一行业而被投资于其上。这一行业会出现第二次发展，而第二次发展会使更多的可贷资本投资于其上；这种投资会导致该行业的第三次发展；如此往复，导致整个社会的发展。

结果，长期的低利率后几乎总是会出现利率的快速上涨。在发现可投资的行业之前，货币处于闲置状态，并且几乎不能被贷出，有些货币根本就不能被贷出。但是，当可投资的行业被发现时（当价格已经上涨时），对可贷资本的需求会变得强烈。通常，商人们必须维持正常的生意；如果不再多借到10%的资金，正常的生意便无法维持，那么，他们就要借入10%的资金。通常，他们有一些必须偿还的债务，如果这样，那么他们所支付的利率相对来说就是无关紧要的了。他们会为承兑其票据而借入必需的资金，并支付他们可以支付的利率；他们更愿意付出一切代价来避免票据无法承兑。在不那么极端的情况下，商人们存在一个固定资本，除非出现巨大损失，否则这一资本就不会被闲置；如果可能，一些工人是必须要被保留下来的；一些有着稳定联系的客户，也是他们不愿失去的。为了实现所有这些目标，他们借入资金；并且在高价时期，许多商人都极度渴望借入资金，因为他们所交易的商品价格的上涨使得他们真正看到或自以为看到了特殊的获利机会。随着大量新的借贷资本而来的就是新的巨额贸易，然后利率会立即上升，并且通常是快速上升。

正如之前所示的那样，这就是必然发生的，因为伦巴第街是一个微妙的市场。伦巴第街的银行家和票据经纪商们在支付利息的情况下持有大量资金：他们必须使用这些资金，否则将会破产。对他们来说，最好是降低所收取的利率，并通过降低所支付的利率来补偿自己，而不是把收取的利率维持在高水平，否则，将不能使全部资金都得到运用。将需要支付利息的资金全部运用出去对他们而言是至关重要的。因而,微小的资金剩余都会使利率降低很多。但是,如果这种低利率可能导致或有助于导致贸易的巨大增长,那么利率将迅速上升且易于变得剧烈。贸易数据将以亿计,而可贷资本将只能以百万计。英国商业中借贷需求的巨大增长几乎总能使(原有)需求之上剩余的可贷资本转化为(新的)需求之上更大的可贷资本缺口。这种不足会导致商业中的萧条或表面萧条,正如之前的过剩以同样的方式导致了繁荣或表面繁荣。它将导致整个社会的价格下跌;这种下跌会引起贸易活动的减少和利润的缩减——令人阵痛的紧缩取代了之前令人欣喜的扩张。

这一变化通常较快,因为在其初始阶段就出现了一些抑制信用的因素。商业社会如果在价格上涨期间没有发生大的错误,那么它就是特别幸运的。这一时期自然会激起乐观与激情;商人们幻想着他们所看到的繁荣将会一直持续下去,这只是更大繁荣的开端。他们集体高估了对其所交易商品的需求或者他们所做的事情。他们全都会以其最大能力和最高才智做出远多于他们应该做的事,并进行超过其实力的贸易。每一次大危机都揭露了之前没人怀疑的许多行业中的过度投机。通常那些投机并未实际发生或进行得过度,直到价格的每日上涨和环境的狂热引燃了它们为止。

情况会变得更糟,因为在大多数重大的商业兴奋期,会存在旧式的和简单类型的投资狂热混合在一起的情形。尽管存款人的钱存在银行里,尽管通过支付利息,银行能阻止大部分提现,但是它们却不能阻止全部的或任何接近全部的提现行为;存款人能够使用这些存款,并且使用了大部分。他们对泡沫公司和没有价值的股票进行投机，正如他们在没有银行存在的“南海狂潮”时所做的那样，而如果银行不复存在，那么他们在英格兰会再次这样做。1825 年和 1866 年的狂潮就是鲜明的例子；在这两个影响范围巨大的例子中，和在现代影响范围较小的大部分相似时期一样，旧时投机的狂热和现代过度贸易的相对温和共同发挥了作用。在萧条开始之初，那些抑制投机狂潮的措施和那些为满足狂潮而发行的股票，就会变得一文不值；随后它们会一直下跌，而许多信用也会随之被削弱。

价格过高的繁荣时期几乎总能引起许多欺诈行为。当人们非常高兴时，所有人都易受骗；当人们已赚得很多钱时，当一些人真的正在赚钱时，当许多人认为他们正在赚钱时，行骗的大好机会就来了。短期内，几乎所有的事情都会被相信，而在被发现之前，最恶劣、最老练的骗子们早已逃过惩罚。但是他们造成的伤害会继续扩散，因为这会进一步削弱信用。

当我们理解了伦巴第街受制于相反因素的剧烈转换时，我们就不应该对其表面上的周期性感到惊讶，我们亦不应该对突如其来的恐慌感到惊讶。在反作用存在的时期和萧条期，甚至在即将逝去的繁荣期，伦巴第街的整个结构都是微妙的。我们的银行体系的特殊本质是人们之间的空前信任；当这一信任被隐藏的因素所严重削弱时，一个小的意外都可能会严重破坏它，而一个大的意外几乎可以在转瞬间毁掉它。

现在我们理解了伦巴第街不可避免的兴衰变迁，我们也能完全理解永远持有大量准备金的至关重要性。能否顺利度过萧条时期更多地取决于此而非任何其他单一因素。如果准备金巨大，它就能够维持信用;如果准备金数额较小,那么它的减少就会引起严重的恐慌。我们对准备金的重要性的理解越好,就越能判断这一准备金持有者的责任。

第七章 关于英格兰银行持有并有效管理充足准备金的履职方式的详细说明

第一节

前面的几章在一定程度上使我们理解了英格兰银行必须履行准备金管理职责的重要性。

如果要问英格兰银行应如何履行这一重大职责，我们最好关注三件事：第一，正如之前所说，英格兰银行从未通过任何公司行为或官方言论承认这一职责。第二（这一点更引人注目），没有任何的议会决议，没有任何的议会委员会报告（据我所知），也没有任何负责人的公开演讲表明或强迫英格兰银行履行这一职责。第三（仍然更为显著），我们最高当局的独特观点经常是，不应将任何类型的公众责任强加于英格兰银行银行部；从银行的角度看，它与其他任何银行一样，只是一个股份制银行，它的管理者们应该只注重公司所有者的利益及其分红，他们应该像管理伦敦威斯敏斯特银行或联合银行一样管理英格兰银行。

首先，如此重要的职责竟然没有被强制、被承认而是被否定，这似乎是相当奇怪的;但是我们可以做如下解释。尽管论述的是不同的思想和不同的事实,但是我们仍然停留于过去的争论之中,仍然使用着过去争论的语言。在超过半个世纪的时间里(从 1793 年到 1844 年),关于英格兰银行的公众责任问题一直存在激烈的争论。一些人说,它是通货的“管理者”,基于此,许多人认为它非常有益;另一些人说,它造成了很大伤害;还有一些人说,它既无益又无害。但是,在这整个期间,一直存在着连续且激烈的讨论。这一讨论止于 1844 年条例。依据这个条例,通货自行管理,整个运行过程都是自动的。英格兰银行很清楚地不再管理——甚至不能被说成是管理——通货。很自然地,但也很轻率地,人们过去认为英格兰银行应负有公众责任的唯一原因已荡然无存,很多人由此推断英格兰银行没有任何职责。

关于英格兰银行应履行责任的程度的完全不确定性这一问题,在 1866 年的恐慌时期,由该银行的董事们很好地阐述了出来。人们将会铭记那一年的恐慌,不同于以往,它发生在春天,在随后的英格兰银行股东大会——九月会议——上,有一场不同寻常的讨论;我将在下面详细介绍这场讨论,[①]其大部分重要内容在《经济学人》杂志中被这样描述:

英格兰银行最近这次股东大会的重大意义

英格兰银行最近的这次股东大会具有异乎寻常的重要性。现在,关于上次危机历史的调查并无实效。除非在此期

① 参见附录 D。

间发生什么奇怪的事，否则明年的委员会将是极大地浪费时间。商人们嗅觉敏锐但却健忘，在明年2月，他们对去年5月发生的事情的关心并不会超过他们现在对1864年10月所发生的事情的关心。没有耗费任何真正的思考且人人都知道毫无实效的形式研究，比不进行研究更糟糕。在这些情况下，英格兰银行行长的官方声明是我们能获得的关于银行董事会过去或未来政策的唯一可信阐述。当我们细心检视这些文件时，我们会发现它们包含相当重要的内容。

这次会议可以被看作是承认并认可了英格兰银行持有着英国唯一的银行储备这一事实。现在，我们不要把这一事实与全国货币流通或者应该有多个还是只有一个银行券发行者的问题相混淆。我们所说的并不是通货储备，而是银行储备——是应对存款的准备金，而不是应对银行券的准备金。在这些概念之中，我们所通常坚持的是英格兰银行确实持有唯一的实际准备金——这个国家唯一的大量未用的现金；但是，对此，人们并无一致观点。最高当局并不愿承认这一点。事实上，他们也没有正式、明确地否认这一点。如果他们承认了这一点，他们就要找出除了英格兰银行的储备之外的一些大量的未用现金储备，然而他们并不能找到这样的储备。但是他们试图辩解；他们说英格兰银行持有英国唯一的银行储备的说法"并不是一种好的表达方式"，这是被夸大了的，是存在误导的。

但是上次的会议完全承认了这样的事实。英格兰银行行长说：

“在过去的几个月中，英格兰银行和伦敦整个银行体系的财力都承受了巨大压力。我认为我有权这样说，在这个异常艰难的时期，不但本行而且整个银行业都做出了值得尊敬和值得信赖的表现。银行业是一个非常特殊的行业，它极大地依赖信用，以至于最微弱怀疑的冲击都足以将一整年的成果一扫而空。但是在过去半年的大部分时间里，伦敦的银行机构满足对其需求的一般方式给出了非常令人满意的结果，有力地证明了银行业所遵循的稳健准则。我们银行已尽了最大努力——并且非常成功地——应对了危机。我们并没有从自己的岗位上退缩。当危机的风暴袭来，在奥弗伦公司破产的消息传开的那个早晨，我们和其他任何一家银行机构一样，处于稳固而健康的状态；在那天以及接下来的一周，我们发放了数额难以置信的贷款。我相信，即使是在之前的很短时间内，也没有人能预测到这些贷款的数额之巨大。在这种状态下，公众心里有一定程度的恐慌是再正常不过的了，并且如果我们认为超发银行券的措施是值得的，那么，那些需要从英格兰银行获得贷款的人们就应该去找财政大臣并请求政府准许我们发行超过法定限额的银行券。但是，我们必须在获得授权之前就采取行动，或许在财政大臣起床之前我们已经贷出了半数的准备金，这必将使它减少到令我们感到痛惜的程度。然而，我们认为支持银行业是我们的职责，我们不能退缩；我们意识到，求助于我们银行的任何合理请求都不应被拒绝。每一位带着充足抵押品来此的绅士都会得到满足；即使贷款需求不能被完全满足，也不会有一个提供适当抵押品的人不能从我行获得援助。”

现在，这一言论很明显地说明了英国的其他银行不必以金镑(sovereign)*和银行券的形式持有任何此类能帮助它们度过意外恐慌的银行储备——任何数量的实际现金。这一言论承认了英格兰银行“支持银行体系”的“责任”，其银行储备既是为了它自己也是为了其他银行。

根据我们的判断，这一言论是非常公正的，并且，英格兰银行行长使用了如此认真、如此明确的语言，他几乎从没有做过胜过于此的公众服务。我们要确切地知道谁应该持有准备金。如果股份制银行、私人银行和乡村银行也应持有一部分准备金，那么我们应该确定这一数额是多少；格莱斯顿(Gladstone)先生**不久前就在议会中声称应该如此。但是，毫无疑问，至少应该明确这一职责归属于谁。根据我们经常阐述的理由，我们认为在我们的体系中单个银行持有唯一的准备金这一反常行为是如此地受限，以至于我们想要改变它时都无法实现。人们最担心的就是事实不清，现在这可以避免了。

英格兰银行的这些声明显得更为重要了，因为在1857年的恐慌之后，它就口径不一了。一个喜爱简洁表达方式的人最近就说“奥弗伦公司在1866年打破了英格兰银行的伪装，因为这一年它破产了，而在1857年它却没有破产”。我们不必精细地检视这样的言论，它的真实含义相当清晰——给奥

* 英国旧时的一种面值为1英镑的金币。——译者注

** 威廉·尤尔特·格莱斯顿(William Ewart Gladstone)，英国政治家，曾作为自由党人四次出任英国首相。——译者注

> 弗伦公司提供贷款是1857年恐慌中的大事件；当时的票据经纪商很像最近的银行家——他们是想要无数意外贷款的借款者。不过，票据经纪商被告知不能再如此行事。但是，奥尔德曼·所罗门斯代表伦敦的银行家们说道："我希望借助这次机会说明，我认为没有什么能比那天英格兰银行行长对他们稳健而值得称赞的开展业务的方式的证明更令股份制银行的经理和股东们满意的了。股份制银行和银行业利益通常来讲应该和英格兰银行协调一致，这显然令人向往；并且，我要对英格兰银行行长以一种友好的方式提出股份制银行应对上次货币危机的模式表示真诚的感谢。"英格兰银行同意在其他银行需要时给予其必要帮助，其他银行也同意向英格兰银行求助。
>
> 第二，事实上，英格兰银行同意——即使不是名义上同意——向提出贷款申请的有适当抵押品的人提供无限贷款。在目前的情况下，三个月内就贷出了45,000,000英镑。并且，英格兰银行并没有对商界或银行家们说："不要再来找我们了。我们已帮助过你们一次。而且不要把这当成一次先例。我们不会再帮助你们。"正相反，显而易见的隐含意思却是在其他类似情况下，英格兰银行还会表现得如其现在所做的那样。

英格兰银行的许多董事，尤其是具有权威观点的一些人都相当厌恶这篇文章。他们认为，《经济学人》杂志从一个本身"具有争议"的讲话中得出了"轻率的推论"。和所有的这类讲话一样，这一讲话在理论严谨度上存在缺陷，它只是行长在那天表达的一种观点，并未经董事会授权，因而也就对英格兰银行没有约束力。然而，这篇文章至少有说出事实的作用。所有的董事们在对现任行长的言论发表评论、进行限制或是表达异议上都是存在困难的。但是，在攻击《经济学人》上却毫无困难。因此，不久之后，英格兰银行经验最丰富的董事之一汉基先生就择机发表了如下言论：

“在我看来，《经济学人》提出了一个在这个国家的货币或银行世界里所曾提出过的最具有恶意中伤性质的观点，即英格兰银行在任何时候都要保留足够的可用资金以满足资产不充足银行的资金需求，这是它的固有职责。在这一观点被银行业否定之前，在伦敦追求任何牢固的银行业原则都将是困难重重的。但是，对于这种当需要时其他银行就有理由依靠英格兰银行援助它们的观点，我不相信伦敦的银行家们会对此普遍认同。

“我认为英格兰银行以最易变现的证券形式持有其银行存款（大约有 1/3 以现金形式）是其不容置疑的责任；当不管是什么原因导致的货币市场上资金突然吃紧的情况发生时，它能够以其储备资源全力应对。然而，我要承认，一个长期流行的普遍观点是英格兰银行应该比这做得多得多，不过，当发现《经济学人》杂志中出现这种观点的辩护者时，我感到很吃惊。① 即使英格兰银行持有未用的资金以应对这样的紧急情况是可行的，它这样做也是很不聪明的。但是，我认为这是十分不可行的，即使可能，它也是相当不明智的；因此，我只能遗憾地说，从英格兰银行渴望在银行业或商业危难之际尽其所能地做每一件事来提供广泛帮助的角度看，

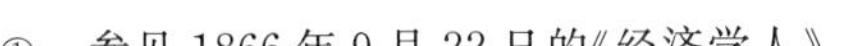

①　参见 1866 年 9 月 22 日的《经济学人》。

也许英格兰银行以前的某种行为方式助长了这种观点。英格兰银行的行为方式越像英国其他管理良好的银行,则对英格兰银行越好,对整个社会也越好。"

我并非一个判官,但是我认为汉基先生对《经济学人》的回复并不具有说服力。

第一,他应该明白,问题并不是应该是什么,而是到底是什么。《经济学人》并没有说单一银行储备的体系是一个好的体系,而是说这个体系的确已经存在而且必须运行良好,因为我们根本无法改变它。

第二,汉基先生应该指出,除了在恐慌时用于提供贷款的英格兰银行银行部的准备金以外,"一些其他的未用现金储备"是什么。这些贷款是必需的,并且必须得由某人提供。伦敦各银行的"储备"并不是这种准备金。它们是已用现金,而非未用现金;它们是英格兰银行存款的一部分,并且已经以这种形式被贷出。

第三,汉基先生应该知晓,根据公开数据,伦敦的各家股份制银行并没有以"现金形式"持有其负债的1/3,或接近1/3——即使"现金"是指英格兰银行的存款。股份制银行的1/3存款将是30,000,000英镑,这还不包括私人银行的存款;而英格兰银行的私人存款是18,000,000英镑。根据汉基先生的陈述,这里存在一个明显的矛盾。毫无疑问,股份制银行和私人银行也持有某种准备金,而同时,英格兰银行持有另一种不同的准备金。汉基先生说,二者应以同样的原则进行管理;但是,如果这样,他可能会说要么是英格兰银行的做法类似于其他银行,要么是其他银行的做法类似于英格兰银行。

第四，汉基先生应该认识到，正如已经解释的那样，在大多数恐慌时期，银行储备并没有主要用于给各家银行提供贷款，其最大部分几乎总是贷给了商业公众和票据经纪商。但重点是，根据我们的体系，所有的额外压力都会指向英格兰银行。在1866年危机最严重时候，除了英格兰银行以外，即使是提供最优质的抵押品——即使是以统一公债做抵押——也借不到50,000英镑的“新钱”。这时，没有面向新的借款者的其他贷款人。

但是，我现在的反对并不是要唤起一个过去的争议，而是要表明在如此不尽如人意、如此不确定的情况下，这个争议留下了一个相当重要的议题。汉基先生的讲话是我们所知的关于英格兰银行政策的最新解释。他是一位经验丰富且细心的董事，我认为他的讲话或多或少表达了其他董事们的观点。那么，我们发现了什么？将英格兰银行行长在1866年的那篇（根据《经济学人》的理解）至少是含义明确且内容出色的著名讲话置之一旁，汉基先生使得我们同时对下次恐慌时英格兰银行的政策将会是什么，以及那时公众们能得到多少援助表示怀疑。他的语言太过模糊。没有人能说出“合适的份额”是什么意思，我们更不知道在未来的某个时候其他人会说出它是什么意思。理论和实践都表明，银行最后准备金（无论是一家银行还是多家银行）的持有者们都应该快速、方便且爽快地为所有带来优质抵押品的人提供贷款。通过这个政策，他们能弱化恐慌；而通过每一个其他类型的政策，他们会强化恐慌。公众有权知道英格兰银行——我们银行最后准备金的持有者——是否承认这一职责，并且是否准备践行它。但是现在，这却十分不确定。

如果我们回溯历史，并审视英格兰银行董事们的实际行为是什么，我们会发现他们完全按照他们这种类型、性格和地位的人被期望做的那样行事。他们的委员会是由直率的、明智的、富裕的英国商人所组成的。他们既做到了这样的委员会被期望应该做的事，又没做其所不应该做的事。没人指望这样的委员会能有什么重大的经济学成就，艰苦的研究多半与英国商人的习惯无关。我们也不能期望得到关于银行业的新颖观点，因为银行业是一个特殊的行业，并且英国商人作为一个整体对它根本没有经验。一个“委员会”几乎不可能做出改善，因为它的政策是由其成员中的大多数人的观点所决定的——这些成员们从未准备做出快速的改善。一个由正直、机智的商人所组成的委员会将一直按照它认为的“安全的”原则行事，那就是根据当时当地商界的标准原则行事。通过这种方式，英格兰银行的董事们几乎一直行为一致。

当他们拥有绝对权力时，他们的优点和缺点就被巧妙地列示了出来。在 1797 年现金支付暂停后，英格兰银行的董事们可以随意地发行银行券。这种发行没有任何约束，且这些银行券不能够再支付回英格兰银行，因而存在过度发行的巨大诱惑，并且对它没有现存的处罚机制。但是，英格兰银行的董事们经受住了这一诱惑，他们没有过度发行不可兑换的银行券。证据就是，在现金支付暂停后的超过十年时间里英格兰银行券都没有贬值，在流通中相对于黄金并没有贴水。尽管最终当时的英格兰银行董事们出现了错误，然而整体上他们表现出了非凡的判断力和控制力。但是，在 1810 年，当人们询问他们这样做的原因时，他们回答的荒谬程度堪称经典。英格兰银行行长皮尔斯(Pearse)先生说道：

“由于申请折价发行以提供对银行券的必要需求而导致的银行券的发行，其发行量被严格控制，因而并不会出现超额发行问题。通过参考银行券的发行方式，我在考虑这一问题时，并不知道发行多少银行券才能根据黄金价格或汇率状况进入流通。因此，我个人的观点是黄金价格或汇率状况并不能成为减少银行券发行量的原因，我始终理解我所描述过的这种控制的含义。

“英格兰银行行长的观点是否和副行长现在所表达的观点相同呢？

“惠特莫尔（Whitmore）先生，我和你的观点相当一致，在我们发放贷款的日子里，我从没想过有必要注意金价或汇率状况。

“你会关注这二者以管理你们的贷款总量吗？——我并不通过关注它来管理我们的贷款总量，我认为它与这一问题无关。”

此外，英格兰银行的另一位董事哈曼（Harman）先生用这些话表达了他的观点：“在我能够假设我们银行券发行量的任何改变都将影响汇率之前，我必须对我的观点做出重大改变。”

很少有人能在寥寥数言内就犯下如此多的错误。

但是，对于当时的英格兰银行董事们而言，犯下这些错误根本不必感到丢脸。他们是根据英国最佳的商业观点说出了这些话。伦敦金融城和下议院都同意他们所说的，而反对者们被说成是空想家和不切实际的人。英格兰银行的董事们采用了一般观点，并实践了他们那个时代的惯常做法。正是这一“惯例”才导致了他们的节制。他们相信只要他们仅以5%的利率发行“纸币”，并且只贴现优质票据，那么这些银行券就不会贬值。此外，“优质”票据——高明的商人们所认为的优质票据——的数量不会快速增加,以及市场利率通常低于5%,这些对过度发行的抑制因素非常有效。他们最终失败了,他们所捍卫的理论也毫无意义了;但是有段时间,他们的操作还是有力且出色的。

不幸的是,对于我们面前这一问题的管理(英格兰银行准备金的管理),英格兰银行的董事们既没有认识到正确的原则,也没有得到审慎惯例的保护。不能指望他们自己发现这些原则。绝不能指望身居高位的人能得到世界的奥义;对当前一流交易的管理是一个引人入胜的业务,而那些管理这类业务的人们往往不愿进行理论思考,即使这样的思考与那些交易高度相关。毫无疑问,当人们自己的财产处于危险之中时,交易者的直觉反而会以某种方式预期到隐含的结果。但是,当它没能为其成员获取收入时、当它只是推卸责任时,一个委员会是没有直觉的。在现金支付暂停期间(一次持续了二十二年的暂停),和现金储备有关的所有传统都消失不见了。在1819年之后,英格兰银行的董事们在既没有重大利益又没有有力原则或明智惯例的指导下,不得不推卸持有银行储备和现金储备的责任。

在这样的情况下,英格兰银行的董事们不可避免地犯下了最严重的错误。第一次尝试发生在1825年。在那一年,英格兰银行的董事们任由他们的黄金储备以最令人担忧的方式减少:

1824年12月24日	英格兰银行的铸币和黄金储备	10,721,000英镑
1825年12月25日	英格兰银行的铸币和黄金储备	1,260,000英镑

其结果就是造成了一次极其严重的恐慌,以至于将近五十年后人们还清晰地记得它的后果。在下一次极端尝试期间(1837—1839年),英格兰银行被迫向法兰西银行借款2,000,000英镑,即使是

在得到了这次援助之后，英格兰银行的董事们依然允许他们的黄金——仍然是货币储备和银行储备——减少到 2,404,000 英镑。一种严重的恐慌情绪弥漫社会，并引发了一次激烈的争论，最终导致了 1844 年条例的颁布。另一次尝试发生在 1847 年，那时，英格兰银行允许其银行储备（当时，法律已将其与货币储备明确分开）减少到 1,176,000 英镑；恐慌是如此严重，以至于执政当局签发了一个许可证，允许英格兰银行在必要时可以不遵守这一新法律，并且，在必要时，可以从充足的货币储备中拨出资金来援助业已空虚的银行储备。直到 1857 年，货币市场都异常平静，但是在那年秋天，英格兰银行的董事们竟允许其甚至在 10 月就已锐减的银行储备再次减少：

10 月 10 日	4,024,000 英镑
10 月 17 日	3,217,000 英镑
10 月 24 日	3,485,000 英镑
10 月 31 日	2,258,000 英镑
11 月 6 日	2,155,000 英镑
11 月 13 日	957,000 英镑

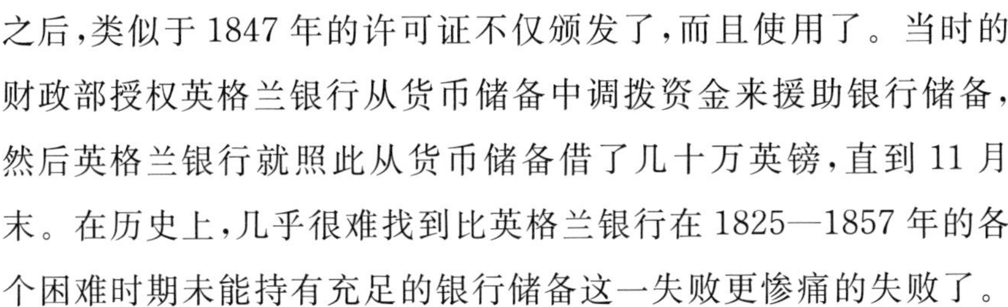

之后，类似于 1847 年的许可证不仅颁发了，而且使用了。当时的财政部授权英格兰银行从货币储备中调拨资金来援助银行储备，然后英格兰银行就照此从货币储备借了几十万英镑，直到 11 月末。在历史上，几乎很难找到比英格兰银行在 1825—1857 年的各个困难时期未能持有充足的银行储备这一失败更惨痛的失败了。

但是，自从 1857 年之后，情况有了一个显著的改善。经历了痛苦的事件和不停的讨论后，商人们现在已经认识到充足的银行储备是必需的，已经理解了在英国银行业的奇特构成中，英格兰银行是唯一能有效持有充足的准备金的机构。他们从未承认这一职责，其中的一些人，如我们所看到的那样，还否认这一职责；然而，在很大程度上，他们已经开始履行这一职责。英格兰银行的董事们成为了经验丰富且能力突出的商人，并像其他商人一样理解了这一点。自从 1857 年之后，他们至少持有着相当的、可靠的准备金（我没有说是充足的准备金），这一准备金和他们之前所持有的任何储备都是完全不同的。在一段时期，英格兰银行的董事们甚至走得更远：他们前进了超越公众智慧的明显一步；他们采用了一种提高利率的特殊模式，这一模式比其他任何模式都更具效率。戈申（Goschen）先生在他的《汇率》一书中描述道：

"在伦敦和巴黎的各种费用率中，两城之间往返运送黄金的费用已经降到最低，其差异绝不会十分巨大。但是，我们绝不能忘记，如果利率是按年计算的一个百分比，那么，当一项交易是三月期的票据交易时，可能的利润就要除以 4，然而，费用的百分比必须由一次交易整体得出，这样，一个微小的费用就变成了一个巨大的障碍。如果费用仅是 0.5%，那么在没获得任何利润之前，年收益就得达到 2%，或者三个月期的收益就得达到 0.5%。因此，巴黎的资本家们可能会这样计算：他们将其黄金运到伦敦的费用是 0.5%，而且银行汇率对他们相当有利，从而他们能够不花任何费用就把黄金运回巴黎。然而，除去从巴黎运来黄金的费用不算，仅仅是为了获得更高的利息，伦敦的利率也要比巴黎的利率高出超过 2%。"

因此，戈申先生建议英格兰银行应该把利率每次提高 1% 作为一项规定，此时利率的提高就能够影响“对外汇率”。从1860年开始，英格兰银行就按照这一原则进行操作。在此之前，他们通常几乎总是按照0.5%的水平提高利率，并且也没有普遍的商业观点来迫使他们改变这一政策。正相反，这次改变相当不受欢迎。但据我所知，这是英格兰银行做出的唯一一次出色的政策转变，这一改变并非由当时的舆论所激起，而是超前于当时的舆论。

英格兰银行政策改善的有利结果是明显且迅速的。在1862—1865年间，通过它我们能够持续地把大量白银从欧洲运到印度以购买印度的棉花。在1864年秋天，发生了一场特殊的危机；但是，通过新政策的快速有效运用，英格兰银行维持了充足的准备金，并使英国躲过了一场仅仅参考先例就看似不可避免的灾难。导致1857年恐慌的所有因素都在1864年出现了——相较于1857年和其之前的几年，1864年和其上一年的白银流出更多；然而，1864年却没有发生恐慌。英格兰银行发现，在出现严重危机时正确的准则能保护公众信用，它也因为采用了这些准则而几乎迅速得到了回报。

在1866年确实发生了一场危机，但是我认为不应该因它而责备英格兰银行。根据当时的估计，它持有极其充足的准备金——一个十之八九能够应对1847年和1857年危机的充足准备金。奥弗伦—格尼公司的破产——英格兰最受信任的私人公司——在毫无预示的情况下，突然且剧烈地引发了这次恐慌。1844年条例对1866年恐慌的影响一直是个众说纷纭的问题；但是我认为，人们将会在这一点上达成共识，即那一年英格兰银行的董事们是在这一条例的范围内进行操作的，他们在其银行部保留了大量的准备金——和任何人期望他们保留的准备金一样多——来应对惨烈的意外事故。

从1866年到1870年,货币市场几乎一直存在着难以打破的平静。英格兰银行能够轻松应对,并没有出现考验其判断力的机会。货币市场自我运行良好。但是,在1870年,法兰西银行暂停了铸币支付,从那时起,新纪元开始了。与之前相比,伦敦市场的黄金需求变得更加巨大,并且持续更久,因为它是当时唯一的黄金市场。为此,英格兰银行必须持有比之前更多的准备金,而且要比以往更加小心谨慎,以免准备金出现突然且危险的减少。市场上的力量比之前更加强大、迅速,更稳固的保护和更有把握的担忧变得必要。但是,我认为英格兰银行并没有充分认识到这一点。整个银行管理层肯定都没有意识到它。我之前提到过的杰出董事汉基先生,在《泰晤士报》上发表了一篇内容详尽的公开信,他再次指出,即使是在这些变幻莫测的时期,对于英格兰银行银行部来说,持有1/3的负债亦是一个充足的储备;并说提供“出口所需的黄金”不是英格兰银行的业务。当英格兰银行银行部成为欧洲能立即获得黄金的唯一大型储备库时,当它因此就应该比以往任何时期储存更多的黄金时,这样的说法是十分有害的。

除了现在的这一缺陷之外,英格兰银行的政策还有一些长期的缺陷,正如即将解释的那样,这源于其治理结构的严重缺陷。

第一,当一名行长开始主事时,几乎总是有一些犹豫。他是英格兰银行内阁的首相;当如此重要的职位变动时,其他职位自然要随之做出很大改变。如果行长优柔寡断,那么这种迟疑和犹豫将在他的任期内延续下去。那时,英格兰银行存在的一个惯常缺陷就是不能快速有效地提高利率。它确实提高了利率，最终也控制住了恐慌，但却不够迅速。一个谨慎的人在新职位上并不喜欢强力措施。英格兰银行的行长们一般都是谨慎的人，他们都选自十分谨慎的阶层，因而善于见风使舵和拖延。但是，在银根紧缩上的这种拖延几乎总是不可避免地导致更大的银根紧缩。谨慎政策的结果就是黄金流出了英格兰银行，而流出的黄金必须得到补充。通过采取及时措施来维持黄金储备比通过采取延迟措施来重新补足黄金容易得多，但是新的行长们很少能看到这一点。

第二，这些缺陷易于部分地或全部地在一名优柔寡断的行长主事期间贯穿下去。对于一名刚刚上任且初显影响力的行长来说，反对实施果断政策、不愿采取及时行动是情有可原的；而对于一位认为这些缺陷是自然的且在其所有工作中都暴露了这些缺陷的行长来说，反对实施果断政策、不愿采取及时行动的缺陷将在他的整个任期内持续。

第三，这一缺陷会不断增强，因为正如我们之前经常说的那样，目前在准备金的管理上，没有一个公认的适当规则。已接受调查的上一任行长威格林（Weguelin）先生说，对于英格兰银行来说，将其负债的1/4—1/3作为准备金来持有是相当充足的。但是，如果英格兰银行将其负债的接近1/4作为准备金的话，没有人会感到满意。正如我已经指出的，汉基先生认为英格兰银行的目标应该是以其负债的“大约1/3”作为准备金；但是他并没有说他认为的1/3是英格兰银行银行部绝不应该低于的最小数额，还是可以上下波动的平均数额。

在下一节中，我将竭力证明，银行部将其负债的1/3作为准备金绝不是一个充足的储备金——它甚至都不是一个恰当的最小值，更别说是平均值了；并且我将提出一些充分理由来说明除非英格兰银行通过一个不同的方法来以更高标准为目标，否则日后它的地位也许将岌岌可危，而且公众们可能会被置于灾难之中。

第二节

但是，正如所解释的那样，根据我们的体系，英格兰银行不仅一定要持有充足的储备以应对恐慌，而且要在恐慌到来时有效利用这一储备。银行储备的持有者，无论是一个还是多个，到那时都不得不为了其自身安全而动用这一储备。如果它们任由其他信用形式消亡，那么最终它们自己的信用也将立即消亡。

然而，对于英格兰银行来说，这却并不适用。必须指出，英格兰银行能够在恐慌中超然事外。如果它愿意，它能够让其他银行和行业破产；如果它决定如此，它能够在当其周围的所有其他行业都消亡时保持独立，且毫发无损。在许多场合，不管是来自英格兰银行的管理层还是其他有重大影响力的人都说过这就是他们的观点。因此我们必须立即判断这一观点正确与否，因为在我们知道英格兰银行在恐慌时期真正的明确地位之前就估计其行为是很荒谬的。

以其最极端形式坚持这一观点的人说：在恐慌发生时，英格兰银行可以随时加以制止；尽管它已经发放出许多贷款，但它可以拒绝发放更多；尽管准备金会由于这样的贷款而减少，但它可以拒绝让其减少更多；它可以拒绝做更多的贴现；已经贴现的票据会到期；它可以通过兑付这些票据而再次补足它的准备金；它可以卖出股票或其他证券来进一步补足它的准备金。但是，这种形式的观点几乎不值得认真反驳。英格兰银行的准备金一旦减少，在恐慌时期，没有办法使它再次增加。在这一时期分发出去的现金很难收回；那些获得现金的人将不会让它溜走——除非他们确信他们能获得其他现金来代替。在这样的瞬间，英格兰银行和其他任何人一样难以收回现金；或许，对英格兰银行而言更难。困难是这样的：如果英格兰银行拒绝贴现，那么之前已贴现票据的持有者将无法进行兑付。正如已经表明的那样，英国的贸易主要依靠借贷资金来进行。如果你大幅减少借贷资金，你将使许多贸易无法进行，除非你能从别处借入同等数量的新资金。但是在恐慌时，并没有新的资金可用。每一位资金持有者都会坚守资金，并且不会放弃它。尤其是贷给商人们的资金，很难被容易地收回；他们负债累累，如果他们预料到自己有一点点可能会赖掉这些债务，他们就绝不会偿还一便士。银行家们处境更为危险。在恐慌时，他们不会贴现大量的新票据；他们会专注于其自己的债务和他们客户的债务，而不关心其他人的债务。英格兰银行能在恐慌时停止贴现，并由此获得新的资金的观点就是一种妄想。当然，如果它愿意，它可以停止贴现。但是，如果它这么做了，它还是得不到新的资金。它的票据箱里将日益装满越来越多的"未付退回"票据。

此外，在恐慌时期英格兰银行想出售股票也是不可能的。在这一时期，英格兰银行是唯一的针对股票提供贷款的贷款者，而且此时只有通过银行贷款才能买进大量的股票。除非英格兰银行愿意贷款，否则将没有股票被买入。在整个国家，没有任何如此大量的未用资金准备买入它。唯一的未用资金就是英格兰银行银行部的准备金;因此,在恐慌时,如果银行部自己想尝试卖出股票,那将是一个可笑的失败。它几乎根本不可能卖出任何股票。它很可能连价值50英镑的股票都卖不出去。在恐慌期间,英格兰银行在其准备金空虚或接近空虚时能够以这种方式或其他任一方式重新补足其准备金的想法太过荒谬,以至于根本站不住脚,不过我担心这种想法还没有被完全抛弃。

然而,英格兰银行能够独立于恐慌之外的第二种且更为合理的观点是:如果英格兰银行在恐慌之初就停止贷款,如果它拒绝比平时多贷一先令,如果它以充足的银行储备开始应对恐慌,并且不通过额外贷款而使其减少,它肯定能够安然无恙。但是这种形式的观点,尽管更合理、更温和,却不是更正确的。1866年的恐慌就是最好的验证例子。众所周知,起于奥弗伦公司破产的那场恐慌开始得异常突然。就在此之前,英格兰银行有5,812,000英镑的银行储备。事实上,在接下来的几天,它贷出了13,000,000英镑的新钱,使其储备荡然无存,因而政府不得不施以援手。但是,如果英格兰银行没有发放这些贷款,它就能够保留住它的准备金吗?

它当然不能。它都不能留住其自己的存款。其中的大部分是各家银行的存款,而它们不会同意帮助英格兰银行保持独立。它们不会同意暂停对它们的支付业务,而使英格兰银行幸免于难,从而得到它们的全部业务。它们会从英格兰银行取回它们的存款;在它们纷纷破产之时,它们不会协助英格兰银行保持屹立不倒。但即便不是如此,即便当英格兰银行不发放贷款时其他银行愿意把存款留在它这里,它们也会很快发现不能这样做。它们只有在票据交换系统协助之下才能够把存款留在英格兰银行，但是当恐慌超过一定程度，这一建立在信用之上的系统，也将被恐慌摧毁。

通常的交易程序是这样的：A 要从 B 那里收进 50,000 英镑，他持有 B 的以一家银行为付款人的支票，如其所称，这张支票只可以到另一家银行兑现。然后他把这张支票送到其自己的开户行去兑现，这家银行把它送到该支票的付款行那里，如果顺利，这张支票将在当天下午总的交换或结算时作为两家银行之间的一个项目。但是很显然，这是一个相当精确的程序，一场恐慌很容易将其摧毁。在第一阶段，A 可能会向他的债务人 B 说："我不能接受你的支票，我必须要现金。"如果这是一个抵押贷款，他很可能会这么说。通常的做法是——如果信用良好——债权人会接受债务人的支票，而放弃抵押品。但是如果在困难时"抵押品"真的能保护他的安全，他将不愿放弃它们，而接受一张纸——一张不知能否兑现的支票。他会这样向他的债务人说："只有你给我现金我才能给你抵押品。"如果他确实这么说了，债务人如果有存款，就必须到其开户行取出 50,000 英镑的现金。如果很多交易都这样完成，银行的"库存现金"将会很快消耗殆尽。由于票据交换所逐渐被取代，银行不得不从英格兰银行取出它的存款；而银行不得不支付如此多的现金，使得它们不能在英格兰银行留有太多现金，即使它们愿意这样做。很快它们将被迫取出每一先令。

由于恐慌而导致的票据交换所的使用减少，会加剧这一恐慌。目前，英国大部分有价抵押品的交易都是在股票交易所每月进行两次。经票据交换所交割的为支票而放弃的抵押品数量和支票数量都是巨大的。如果这一系统崩塌了，那么破产的数量将不计其数,每一次破产都会增加造成这一崩塌的失信的程度。英格兰银行的非银行客户也会和其他人一样不被信任。他们的支票不会比其他人的支票被更多地接受;他们也必须取出现金,而英格兰银行的准备金将不足以支付其中的一小部分。

不久,问题将变成这样:一大批经纪商和交易商将要偿还巨额的债务,平时,他们会通过转移抵押品来获得这些偿债资金。正如我们刚才所说的,如果第一个人以国库券作为抵押品向第二个人借了50,000英镑,大多数情况下,直到他将这些债券卖出或者抵押给了其他人后他才能付款给第二个人。但是在他拥有这些国库券之前不能进行抵押或卖出;而且如果第二个人直到得到了他的钱以后才肯放弃这些国库券,那么第一个人将会破产,因为他无法付款给第二个人。很可能第二个人需要付款给第三个人,那么由于第一个人的违约他将会破产,而第四个人会由于第三个人的违约而破产,以此类推,无休无止。在交割日,如果没有票据交换所,将会出现大量的破产以及大量的抵押证券。这些破产将波及所有银行,尤其是英格兰银行。

事实上,也许有人会说:由此从英格兰银行银行部取走的钱将会很快地回到那里;借得这些资金的公众不知道其他地方可以放置它;它在早上被取走,而在晚上被放回。但是,首先,这一争论假设银行部要有足够的资金来满足资金需求;而这是一个错误:银行部连所需资金的百分之一都没有。其次,扰乱票据交换所的巨大恐慌将很快在全国蔓延。因此,从英格兰银行取走的钱不可能很快回到它那里;它不会在被取走的当晚回来,或者在许多天后回来。它会分散于全国各地,只要那里有银行存在,只要那里有贸易存在，只要那里有债务存在，只要那里有恐慌存在。

而且即使是在伦敦，如此巨大的恐慌也会很快破坏英格兰银行银行部的信用。那一部门并非名声在外。它只是产生于1844年，从那以后它还出现过三次运转失灵。世人会认为，从前发生的事情会再次发生。当他们得到钱后，他们不会将其存放在一个可能无法偿还它的机构。在之前的恐慌中这并没有发生，因为我们所考虑的情况是前所未有的。英格兰银行会帮助公众，并且它或多或少地相信政府会对它施以援手。但是，如果之前缓和恐慌的政策被放弃了，恐慌就会蔓延并加剧，直到它触及英格兰银行银行部本身。

我不认为它会触及英格兰银行发行部。我认为如果公众们能获得现金，他们会十分满意。一般而言，持有一家银行的银行券而不把它们放在银行里是没有任何收益的。但是在英格兰银行却大为不同：它们的银行券是法定货币。持有它的任何人都能够偿还他的债务，而且除了对外支付，持有者并不想用作其他。人们会追逐那些能在各地使用的银行券，而由于对全国而言它们总是不足的，所以英格兰银行银行部将很快支付完它所有的银行券。

因此，英格兰银行在这一方面没有特权，它只是处于持有国家准备金的位置上。毫无疑问，在恐慌时，它必须做其他所有银行都必须做的事；同样，在恐慌时，它也必须从其准备金中自由自愿地向公众发放贷款。

在相同情况下，和其他银行一样，对于英格兰银行来说，如果这些贷款必须被贷出，那就应该这样做，如果可能，会达到发放这些贷款的目标。最终目的是要终结恐慌，如果可能，这些贷款就应该终结恐慌。为了这一目标，应遵循两条规则。

第一，这些贷款只能以极高的利率贷出。这一方面是对人们的过度谨慎征收的一种高罚金，另一方面也会阻止并不需要贷款的人大量申请贷款。在恐慌之初就应该提高利率，这样既能尽早地收取罚金，又能杜绝因审查不严而以低利率放贷的现象，还能尽可能地保护银行的准备金。

第二，在高利率下，这些贷款应尽可能多地贷给那些能提供优质银行抵押证券的贷款需求者。原因清晰明了。贷款的目标是结束恐慌，因此，不应做任何引起恐慌的事。但是引起恐慌的途径是拒绝向有优质抵押品的人贷款。在恐慌时期，这一消息将迅速传遍整个货币市场；没人能详细说出是谁传播了这一消息，但是在半小时内，它将四处传播，并将加剧各地的恐慌。事实上，英格兰银行不需要发放其最终会失去的贷款。在商业国家中，不良业务的总量只占整个业务的极小部分。在恐慌时期，持有最后准备金的银行应该拒绝接受不良票据或不良抵押品，这并不会使恐慌变得更糟；“信用不良”的人是极少数，他们甚至担心自己看起来很害怕，因为他们害怕自己的不可靠被发现。需要保护的绝大多数人都是“信用良好”的人，他们能提供优质的抵押品。如果人们知道英格兰银行自由地向平时具有优质抵押品——通常的抵押物和易转换的抵押物——的人发放贷款，有偿付能力的商人和银行家们的惊慌就会消除。但是，如果真正优质的和容易转换的抵押证券被英格兰银行拒绝了，惊慌就不会减弱，其他的贷款将不能实现其最终目标，进而，恐慌会变得越来越严重。

也许有人会说，英格兰银行银行部的准备金不足以提供所有

这类贷款。果真如此，银行部就必须关门。然而，贷款是它的最佳策略。这是让它的资金流通最远的方法，也是使其度过恐慌时期的方法——如果有什么事能让它做到这一点的话。正如我们所见，不发放任何贷款，将毁掉它；也正如我们所见，发放大量贷款之后停止贷款，也会毁掉它。对于英格兰银行来说，唯一安全的计划就是这一勇敢的计划，即向每一种流通的抵押证券提供贷款，或者向每一种平时通常能够借到钱的抵押证券提供贷款。这一政策也许不能拯救英格兰银行；但是如果它没能做到这一点，那么就没有任何事能拯救英格兰银行了。

如果我们审视一下英格兰银行履行这些职责的方式，我们就会发现，正如我们之前已发现的那样，真正的原则从未被掌握，它的政策前后矛盾。尽管它的政策已改善许多，但仍然存在可能比现在更好的重要改善之处。

在这里必须说的第一次恐慌就是1825年那次。我几乎不相信我们能从1793年和1797年的恐慌中得出许多经验教训。从那时起世界就已经大大改变。在1797年到1819年的这一不可兑换通货的较长时期中，需要解决的问题和我们现在的问题是完全不同的。而在1825年的恐慌时期，英格兰银行进行了极其不明智的操作。它使尽浑身解数来限制贷款。由于准备金变得非常少，它便通过尽可能地减少贷款来尽力保护这一准备金。其结果就是一段疯狂和几乎难以想象的暴烈时期，几乎没人知道能够信任谁，信用几乎消失。正如赫斯基森（Huskisson）先生表达的那样，整个国家处于全天候的物物交换状态。人们向政府提出救援申请。尽管人们皆知政府当时拒绝了采取行动，但是据我所知，至今仍没有关于真实情况的可信叙述。在世界各地，只有惠灵顿公爵(Duke of Willington)的“通信”对其有一个完整的描述。当时，公爵正在圣彼得堡执行任务，皮尔爵士给他写了一封信，下面就是信的一部分：

“在另一个问题(政府发行国库券)上，我们处于一个相当不愉快的窘境中。伦敦金融城、我们的许多朋友以及一些反对者都坚决支持国库券的发行要用来救济商人和制造商们。

“据赞成发行国库券的人说，在1793年和1811年也尝试了相同的措施并取得了成功。我们的朋友私下里在议论我们正在以一种完全不同于皮特(Pitt)先生*的方式采取行动，像他活着时做的以及将要做的那样。

“现在有300万国库券未被认购。英格兰银行最近的认购难以使它们维持票面价值。如果按预期那样新发行这样数量的国库券(500万英镑)，将导致大量的国库券出现折价的巨大危险，并将要动用财政收入进行认购。如果新的国库券以不同于流通在外的国库券的利率发行(比如说5%)，除非利率升高，否则之前的国库券将立即出现严重折价。如果利率升高，那么财政负担将必然随着利率的升高而同比例地增加。我们发现，英格兰银行有能力发放抵押贷款。所以，除非英格兰银行以现金认购它们，否则我们发行的国库券将毫无用处。由于让英格兰银行在每一个事件中都进行干预是绝对必要的，并且由于它的干预可以通过它在增加通货

* 指小威廉·皮特(William Pitt the Younger)。他是英国历史上最年轻的首相，于1783年成为首相，1801年卸任；并在1804—1806年再度担任首相，1806年死于任期内。——译者注

流通量上的效果而变得十分有效，因此，我们建议英格兰银行立即全权负责此事，根据抵押品发行它们的纸币，而不是根据国库券发行，而国库券也根据抵押品来发行。

“他们(指英格兰银行)不情愿地赞同了我们，并把我们从一个非常窘迫的境况中解救了出来。”

英格兰银行在这一问题上的成功源于它完全采用了正确的原则。英格兰银行很晚才采用这些原则，但是当它采用这些原则时就完全采用了它们。根据我之前引用过的那位官方发言人的话说，“我们(即英格兰银行的董事们)通过每一种可能的方式贷出资金，而这些方式是我们之前从未采用过的。我们把股票作为抵押品而接受它，我们认购国库券，我们不但完全贴现票据，而且还发放巨额的汇票抵押贷款——简言之，我们采取了和英格兰银行的安全要求相一致的所有可能方式”。在最后时刻完全而大胆地采取了这一政策，当时的英格兰银行的董事们因此而值得被大加赞赏，因为那时，这一问题甚至比现在还不被理解；但是英格兰银行的董事们同样要接受严厉批评，因为他们之前采取了完全相反的政策，因为他们不愿采用新政策，因为他们最后只是在执政当局的要求和共同负责下才采用了这一政策。

1825 年之后，货币市场上没有再次发生真正的恐慌，直到 1847 年。1837 年和 1839 年的危机都很严重，但是它们最终都没有演变成恐慌——在惊慌达到其最强烈程度前就已被遏制。因此，在这两次危机中，英格兰银行在恐惧的最后阶段所采取的政策都没有得到检验。

在 1844 年之后的三次恐慌(分别发生于 1847 年、1857 年和

1866 年)中,英格兰银行的政策多少受到了 1844 年条例的影响,因此我不能完全在我之前为自己所限定的范围内对它进行讨论。我只能陈述两件事:第一,关于所有事情,英格兰银行的董事们宣称,在恐慌的早期阶段,他们受制于 1844 年条例而没有发放他们那时想要发放的贷款。第二,在恐慌的后期,不管正确与否,1844 年条例已经在这些情况中被破例,然而并没有这一条例未被破例的类似情况发生;因此,不论正确与否,世人们都信心满满地期待着并依赖着在类似情形中它会再次被破例。不管理论限定的是什么,事实的逻辑似乎是如此地不容置辩。根据英格兰银行董事们的观点,这些原则放在一起是要说明,英格兰银行应该尽其所能地运用 1844 年条例来控制恐慌,要像在没有这一条例的情况下控制得那么好——因为在恐慌的早期,他们没有受制于这一条例,并且在恐慌的后期,这种束缚已经去除。

因此我们可以评估自 1844 年条例颁布后所发生的三次恐慌中英格兰银行的政策,而不必深入探究这一条例本身的效果。可以肯定的是,在所有这些恐慌中,英格兰银行确实发放了大量贷款。同样可以肯定的是,在所有的恐慌中,英格兰银行比 1825 年时行动更加迅速;在所有的恐慌中,它都没有过多地犹豫去使用其银行储备来发放贷款——而维持这一储备的一个主要目标正是发放贷款,并立即发放。但是,仍然存在一个重大错误,即没人知道在这种时期英格兰银行将根据哪种抵押品来发放必需的贷款。

正如我们所见,根据英格兰银行的行为准则,如果是完全出于治愈恐慌的目的而发放这些贷款,那么它们就应该以更可能治愈恐慌的方式来发放。为了这一目标,应该为在平时是优质的“银行抵押品"的每一件物品提供贷款。而错误正在于，出于恐惧，平时的优质抵押品都不能用于贷款。正确的政策就应该是以接受优质抵押品贷款的方式使用准备金，从而终止当时的错误，并使贸易的正常程序得以恢复。但是，要想实现这一目标，只能通过对所有的优质银行抵押证券提供贷款来实现。

不幸的是，英格兰银行没有采用这一方法。贴现办公室对优质票据进行贴现，并据此发放了大量贷款。英格兰银行也对统一公债和印度抵押证券提供贷款，不过，据说在1866年危机期间，英格兰银行曾一度犹豫是否要这样做。但是，这只是在平时容易获得贷款的一小部分抵押证券，而这些贷款的偿还是完全有保证的。铁路信用股票和商业票据一样都是优质抵押证券，许多人，其中也包括我，都认为它比印度股票更安全。我认为，整体而言，一个大型铁路公司受意外事件影响的概率要小于陌生的印度帝国。但是我怀疑，在恐慌时期英格兰银行是否愿意给铁路信用股票提供贷款；无论如何，没有人能确信它会这样做。而在恐慌时期，还有很多这类抵押证券。

英格兰银行主要考虑的是贷款的数量，而不是贷款时所抵押的证券的性质，它总是假定贷款时的抵押证券是优质的。流行于英格兰银行的一个观点是(正如我认为的)：在恐慌期间他们不能为平时无法获得贷款的任一种类抵押证券提供贷款。但是如果其他各家银行在平时主要为这类抵押证券提供贷款，并且如果这一抵押证券是绝对优质的，那么英格兰银行平时的惯例就不再重要了。在平时，英格兰银行只是众多贷款人中的一员，然而在恐慌时它是唯一的贷款人；而且我们希望尽我们所能地把恐慌时期的不寻常状态恢复成平时的寻常状态。

一般认为，英格兰银行的行为总是存在很大的不确定性：关于这一问题，英格兰银行从没有制定出任何清晰、稳定的政策。如我们所见，英格兰银行的一些董事们（比如汉基先生）主张错误的政策。在十分重要的时刻，公众从来无法确定它会采取什么政策，同样不能确定的是它会发放多少贷款，或者它会为哪些抵押证券发放贷款。缓解恐慌的最佳办法就是人们能够信任英格兰银行充足的准备金及其有效利用。关于这一点，在我们对英格兰银行有一个清晰的理解之前，我们受危机影响的可能性和我们在危机时的恐惧都将始终大于它们在问题被清晰地理解时将会成为的那样。

第八章　英格兰银行的治理机制

英格兰银行由一个董事会、一名行长和一名副行长来管理；他们的选举方式和任期，影响着英格兰银行的整个业务。董事会实际上是自我选举的。在理论上，每年会有一部分人离开董事会，离职满一年后，可以由股东再次选举。但事实上，如果其他董事希望如此，那么他们几乎总是，并且真的总是会在一年后再次被选入董事会。这是许多年未被打破的惯例，现在也几乎不可能被打破。当由于去世或辞职而出现职位空缺时，董事会会选择一位新成员，正如我听说的那样，他们选择新人时会非常小心。出于某一特殊原因，新成员在开始履职时保持年轻是非常重要的，因此董事会会在伦敦的老牌公司中反复挑选最细心、最有前途的年轻人，并选出他们认为最适合成为英格兰银行董事的那一个。成为董事会一员有着相当大的诱惑力。它所赋予的地位，对于个人和他所属的公司来说都是相当重要的。令人感到奇怪的是，选举中并没有什么偏袒；英格兰银行的董事们热切希望能尽他们最大的能力来为英格兰银行的未来提供一个优秀的治理机制。世界上很少有选举能接近这样的纯净。他们有着完全为英格兰银行着想的真诚愿望，也有着能任命一位初涉商界、看起来很可能十分睿智且二十年后大有作为的品行端正的年轻人的真诚愿望。

年龄是一个首要问题。行长和副行长的职务是轮流担任的。副行长总是继任行长,而通常,没有职务的最年长董事会成为副行长。有时,由于个人原因,或担任特殊的临时性职务,一位董事就任副行长的时间会被推迟;而在一些极少数情况下,可以允许最大公司的商人全然谢绝担任这一职务。但是在通常情况下,这一规则会被看成是绝对的。除极少数情况之外,当一名董事快要上任时,他必须成为一名全职行长或副行长,而在他上任之前,他并不会被要求付出很多。从一个董事的初次选举到成为主席通常需要大约二十年的时间。并且,由于行长和副行长的职位非常重要,担任此种职位的人必须年富力强才行。因此,被初次选入董事会时,英格兰银行的董事们一定都很年轻。

最初,这有一个相当奇特的效果;一个外行人几乎很难知道这是怎么回事。很多年前,我记得看到过一位初来乍到、仪表堂堂的年轻绅士在被告知他成为英格兰银行的一名董事时感到非常吃惊。我当时总是在想,英格兰银行的董事们应该都是些老练睿智、经验丰富的人,我为一名充满朝气的年轻人成为他们的一员而感到惊讶。我承认,我认为这有点危险。我觉得这样的年轻人不能很好地管理英格兰银行。我担心他们手中会有做出麻烦事的权力。

然而,进一步的研究很快使我确信他们没有这样的权力。很自然,在一个有许多更年长成员的董事会里,年轻人是没有多少影响力的。在英格兰银行,如果他们得到了这样的权力,会有一个特殊的预防措施来剥夺他们的权力。正如我已经说过的,每年都会有一些董事离职,但是习惯上总是年轻人离职。那些当过主席的人(即那些担任过行长的人)会始终留在董事会。董事会的年轻成员是变动的那部分,而年长成员是不变的那部分;因此,年轻成员们没有什么影响力也就不足为奇了。英格兰银行的董事们会因很多事情而受责备,但他们不会因新人政治的易变性和敏感性而受到责备。

事实上,为了更好地预防这一点,董事会的年长成员(即当过主席的成员)组成了一个固定的有不确定权力的委员会——财政委员会(Committee of Treasury)。我说“不确定权力”,是因为我没听说曾对他们有过任何精确描述,我也怀疑他们能否被精确地描述。据说,他们有时对英格兰银行和政府之间的关系与谈判有着特殊的控制力。但是我承认我相信这会随着行长的性格而发生很大变化。一个强硬的行长会主要根据他的职责而做很多事,而一个软弱的行长却做不了多少事。因此,尽管财政委员会的影响力总是相当大的,却并非一成不变。他们是一个由衰老且年迈的人所组成的内阁,并与行长关系密切;无论好坏,这样的内阁必须要有很多权力。

根据古老的惯例,英格兰银行的董事们不能自己经营银行。这是一个旧时的遗俗。每一家银行都会或多或少地被假定为处于必然与其他每家银行相对立的位置上——同一个地方的银行尤其对立。结果就是,在伦敦没有一个银行家有机会成为英格兰银行的董事,或者曾想过尝试成为其中的一员。我在这里所说的是英国意义上的银行家,这种意义可能会让一个外国人感到吃惊。罗斯柴尔德家族(Rothschilds)的一员现在就是英格兰银行的一名董事,这会让一个外国人觉得如果他们不是银行家就没有人是银行家了。但这只是说明了我们英国的银行概念和欧洲大陆的银行概念存在本质不同。我们的银行比欧洲大陆的银行获得了更充分的发展。罗斯柴尔德家族的诸位都是大资本家,很可能手持大量的借款,但是他们不接受 100 英镑的即期应付存款,也不会用每份 5 英镑的支票来偿还这 100 英镑,而这就是我们英国的银行业。他们所持的借款数额都非常巨大,且期限一般较长。而英国的银行家们所从事的都是小额借款,它们都是短期或即期应付的借款。一个外国人会认为,“汇兑业务”(即在外国买卖票据的业务)是银行业的一个主要部分。正如我已经解释的那样,汇款是在存款性银行出现前早期银行开展的一项附加便利服务。但是英国的许多乡村银行只在英格兰或伦敦进行汇款,而伦敦的主要汇款业务已经不再属于银行家了。他们中的大部分人都不知道如何完成一大笔“汇兑操作”,或者如何“获取收益”。他们会想着很快变成丝绸商人。汇兑贸易只由外国票据经纪商的一小部分特殊群体在经营着,而其中罗斯柴尔德家族的诸位便是最大的经营者。因此,尽管规则禁止银行家进入董事会,这家公司的一员却可以很容易地成为英格兰银行的董事,因为不论从其借钱的期限看,还是从其使用资金的方式看,他本人及其家族都并非英国的银行家。但是对于英国意义上的银行家而言,这一规则是严格的且不容置疑的。不但没有私人银行家成为英格兰银行的董事,而且没有任何股份制银行的银行家被允许成为董事。这两种情况是互不相容的。

英格兰银行的董事们都是经验丰富的商人,在他们所从事的贸易中经营着大量资本,且相当精通自己从事的贸易。他们中的许多人都有关于目前的贸易状况及商人的特征和财富状况的知识，而这对英格兰银行来说是非常重要的，更确切地说是无价的。他们中的许多人也是镇定、严谨的人，由于习惯和天性，他们对其所从事的每一种业务都非常谨慎小心，并能表达一种会引起人们担忧的观点。他们中的大多数人都有许多闲暇时间，因为一个只运作他自己的资本，并几乎总是以相同方式运作它的商人，其生活绝不可能被完全占满。任何资本几乎都不足以占用合作伙伴的主要时间；如果这个人非常忙，那一定是出事的征兆。他要么是太过事无巨细地插手一些最好由下属来做而他最好不要插手的事，要么是进行了太多的投机活动，致使其债务超过了他的资本承受力，因而他可能会破产。所以，每一个商业城市都充满了有很强的业务能力和丰富经验的人，他们并不十分忙碌，希望有事可做，并且愿意成为公开招股公司的董事以使自己忙碌起来。英格兰银行的许多届董事会都是由这类人所组成的。

对于一家股份制公司来说，如果其本质特征得到注意，那么这样的治理结构就是非常好的，否则，就是非常糟糕的。组成这一治理结构的人，其整体判断力的平均水平很高，其整体的业务知识也很出色，但是却没有他们目前所从事的这一特殊业务（英格兰银行治理）的特殊知识。通常，股份制银行和公司的这一缺陷会通过选举一名公司经理来弥补，这名经理是专门为这一特殊业务而训练出来的，并且他会把他所有的能力和所有的经验都投入到公司的事务中。董事们咨询经理，并在听取他的话之后决定公司的事务，由董事们所组成的特别委员会更是经常如此。在所有一般的股份制公司，都会有一个具有专门技能的固定执行官，和一个不具有专门技能的略有变化的委员会。这一固定的经理保证管理上的连续性和经验性，而一个优秀的董事会确保公司整体的明智策略。

但是在英格兰银行没有一名固定的执行官。担任执行官的行长和副行长每两年变动一次。事实上，我认为这并非创立者们的初衷。在旧时的少数几个有很大特权的公司里，尽管主席不是定期选举的，但实际上，只要他的政策受欢迎，他的任期就是永久的。他是内阁首脑，并且除非是反对派上任，否则他不会变动。但是这一思想和英格兰银行的组织机构没有现实联系。目前，英格兰银行的行长和副行长几乎总是在每两年末就变动；主席延长任期的情况是异常少见的，以至于它都不必被考虑。并且英格兰银行的行长和副行长不能默默无闻。他们需要经常露面；他们要注意所有异于常规的贷款申请；他们要保持英格兰银行与其最大客户——政府之间持续的联系；他们要向董事会或财政委员会汇报所有的必要问题——总之，要做许多在大多数公司中由经理去做的事。在这种变动的首席执行官制度下，确实还有许多重要的部门主管。贴现部的主管尤其要是一位能力突出、经验丰富的人。但本质上这些官员都是下属，他们中没有人能像一家普通银行的总经理一样——是所有行动的主管。经常露面的执行官——行长和副行长，使得任何一位下属都不可能到达那一职位。一位真正有能力且思维敏捷的行长，被要求整日待在英格兰银行，事实上，他要处理英格兰银行的大部分业务，并且几乎得不到任何帮助。

在理论上，对于一家银行来说没有什么比这样的治理机制更糟糕的了：一个定期更换的执行官；一个对它来说太过年轻的董事会，以至于他们是否有能力都无从得知；一个资历是必要条件、高龄是普遍现象的管理委员会；以及一些没有经过任何训练的银

行家。

即使英格兰银行是一家普通银行，这样的组织机构也将是缺乏效率的；但由于它的职责更加重大，这一缺陷所导致的结果也更为糟糕。英格兰银行必须持有英国唯一的准备金，必须用它来应对货币市场和汇兑方面的所有变化，在恐慌时必须立刻决定应该发放的贷款类型、总量和期限；然而，它的组织机构却有明显的缺陷。英格兰银行的治理机制并不比其他任何银行更好——而考虑到它的职责相较于其他银行来说更艰巨而重大，它应该更好才行。如果有谁把它作为一家新银行治理机制的典范，那么每个人都会嘲笑他；如果这种治理机制被推荐了的话，那么它绝对会被称作是过时的、奇怪的。

当然，它的组织机构的效果——无论好坏——应该从英格兰银行历史的每一方面来考察。在很重要的一个方面，英格兰银行的管理一直都是出色的。与任何一家同等规模、同样悠久的银行相比，也许英格兰银行的“不良业务”都更少，当然非常糟糕的“不良业务”就更少了。在它全部的历史中，我还从未听说过它的名字曾与任何一笔重大的、有损名誉的坏账联系在一起。人们从未怀疑过它是为任何个人或某些人的利益而“工作”的。董事们巨大的责任感，以及他们中的许多人对英格兰银行业务始终如一的关注，都使得它一直远离任何不光彩、有损名誉的事。聚集在委员会中的沉着冷静的商人是票据和抵押证券的出色鉴定者。他们总能识别出其信用值得怀疑的危险人物，他们能迅速注意到腐败交易的最微小迹象，没有任何谬见能说服他们中最优秀的人放弃他们优秀的本性。你不能使英格兰银行的董事们去做奥弗伦最终所做的那种事——除非出现道德上的奇迹,除非改变他们的本性。在他们的管理下,英格兰银行绝不可能出现美国银行的那种灾难性经历。即使是在其历史上的最糟糕时期,英格兰银行的最终偿付能力,或者说其巨大资本的最终安全性,也从没有被怀疑过。

然而,正如我们所见,英格兰银行的政策常常令人感到遗憾,在这样的时期,其治理机制的缺陷即使没有造成灾难也会恶化现状。

实际上,英格兰银行的执行官现在很像外交部或内政部的公共部门里那些没有永久任期的执行官。在政府的这些部门里,其实际首脑尽管不如英格兰银行行长那样频繁变化,但也几乎经常变化。议会副部长也几乎和英格兰银行的副行长一样经常变化。如果部门的运转仅仅依靠或主要依靠这两个人,那么它将陷入瘫痪。新人不可能坚决、有效地运转起这个部门;事实上,他们根本就不能使它运转。但是,他们实际上是由一名永久在任的副部长所协助的,这名副部长管理着所有的常规业务,保管着部门的秘密,体现着部门的传统,连接着不断变化的任期。由于这一协助,虽然部门的主管经常变动,但其持续的业务在很大程度上都得到了有效管理。并且只有通过这种协助,这类业务才能得到有效管理。英格兰银行目前的行政管理就是这样一种尝试,即在没有充分的永久性要素和适当的交接联系下,管理一项重大的、不断增长的、永久持续的业务。

也许有人会回应说,赋予英格兰银行行长和副行长的职责并不如政府部门主管们的职责那般重大和紧急。并且,仅就工作本身而言,或许英格兰银行行长还有优势。银行业从不应该是一个极其艰苦的行业。如果把艰苦的劳动抛给了行长，那么肯定存在对银行体系的极大需求，并且十分缺少有技能的助手。但是在重要性方面，英格兰银行行长的职责和任何政府部门主管的职责一样大。全国的现金储备与任何一批人所关心的存款一样珍贵。而且，应对恐慌（正如英格兰银行的管理层必须做的那样）的困难可能比每一个部长所面对的困难都要更难对付、更加紧迫。至少，相较于很多可比的困难，恐慌来得更突然，且更需要快速应对；而且应对恐慌所需的判断力、勇气和坚决性显然都更加难得和巨大。

必然的补救措施就是任命一名永久性的英格兰银行行长。正如我已经说过的，毫无疑问这就是英格兰银行创建者们的初衷。始于17世纪的所有历史悠久的公司都有相同的组织机构，而它们中延续至今的公司依然保留着这一点。哈得孙湾公司、南海公司和东印度公司在创建时都有一个拥有至高无上权力的执行官，其意图就是要让他们一直在任，保持高效。实际上，在那些刚刚成立公司的人的脑海中，这是建立一家公司的最自然而然的模式。这类人将会一直专注于处理业务；他们将会懂得决策果断和政策连贯的价值是什么；他们将会经常看到当管理企业的人所追求的方式很难通过其他人能够理解的明显理由去评判时，企业会被管理得最好。全伦敦金融城的人都通过投资来赚钱，因为这通常是有充分的论辩理由的；但是，如果被要求在一个议会委员会面前说出这些理由，他们几乎不能将其陈述出来。他们已经习惯于不去清楚地分析这些理由而直接根据它们行事，并且，他们以一种君主般的方式做事，只用连续不断的成功来证明他们的优秀。自然地，当他们开始建立一家公司时，他们会用一直以来都十分成功的模式

去创建它。他们会首先安排好执行官并将其置于所有事情之上。这一点在英格兰银行创建者们的脑海中有多么深刻也许可以通过他们赋予这家银行的名字而得以判断。它的公司名称是“英格兰银行行长公司”(Governor and Company of the Bank of England)。创建者们认为执行官非常重要,因此他们直接提及它,并将其放在公司名称之首。

在公司成立之初这种组织机构不仅是十分必要的,而且是经验已经表明的公司能够长久存在的最有效组织方式。大型铁路公司就是据此进行管理的。在铁路行业,几乎没有任何巨大成功的例子能够说明其公司的主席不是一位活跃、明智的企业家,不是一位经常参与公司事务的人。然而,我们可以轻易地找出一千个铁路公司失败的例子,在这样的公司里,其主席仅是一位被选出来作秀的名义首脑——一个值得尊敬的人,或类似的人。铁路公司主席已经成为一个职业,在这一职业里,效率是如此地被重视,能力是如此地不可或缺。许多现代的经验都有力地支持了英格兰银行任命一位固定主席的计划。

然而,我对这一计划是否得当表示怀疑;至少,我认为出于几个原因,英格兰银行应该首先尝试其他的计划。

第一,这一计划将非常不受欢迎。英格兰银行的一位固定主席将是英国最重要的人物之一。他会成为伦敦金融城的一位小“君主”,会比市长大人重要得多。他会成为英格兰银行的个人化体现。他将会始终拥有几乎无限的权威。商界中的每一个人都将在他面前卑躬屈膝,并且尽力拥护他,因为在恐慌时,他能够拯救几乎每一个他想拯救的人,也能够毁掉几乎每一个他想毁掉的人。

这样的一天也许会到来，那时得到他的支持也许意味着繁荣，而受到他的怀疑也许意味着破产。一个拥有如此多实权和如此显赫的职位会得到极度的垂涎。讲求实际的人会倾向于认为英格兰银行的固定行长会比英国首相好得多，因为他在任时间更长，并且在实用主义者最重视的东西——金钱上有更大的权力。无论如何，这样一位行长，如果他理解他的职位，可能会赚得五十倍于首相能够赚得的财富。在伦敦金融城，几乎没有什么事能比任命一位统治他们的小国王更不受欢迎的了。

第二，我不相信我们总能找到这一职位的最佳人选，我常常担心我们甚至都不能找到一位差强人意的人。有很多例子表明由于提供的薪水太高而使得我们无法获得我们想要的人，而英格兰银行的固定行长就是其中一个。位高权重几乎总是十分危险的，它使得这一职位会被许多爱慕虚荣、游手好闲、地位显赫的人所贪求。当这一职位成为一种要有真才实学、要有专业技能的职位并因此而需要许多提前的训练、许多持续的辛劳、许多耐心和敏锐的判断力时，上述所有这类人都是危险的。但是他们肯定会觊觎所有显赫尊贵的职位，且极难置身事外。或许，在每一个内阁中都有一些（在旧时封闭的自治市镇时期有许多）成员，其职位并非来自个人的能力或天生的才干，而是来自于他们的地位、财富，甚至是他们气宇轩昂的外貌。最高级别的政府官员们确实应该避免这样的人成为其中一员，因为他们经常需要在全世界面前履行重大职责。一位首相、一位财政大臣或者一位国务大臣必须在国会中解释他的政策并捍卫他的行动，而一个爱挑剔的议会所具有的敏锐洞察力会很快发现他是什么样的人。但是，英格兰银行行长只履

行常规性的不显眼的职责(尽管它们并非如此),当时可能看不出是好是坏;尽管几年之后坏账会表现出来,不过卸任的行长会在其任期内令这些账目看起来相当亮丽且值得信服。一家大银行正是虚荣、浅薄之辈掌权的绝佳地点。如果他是一个阴险狡诈、爱耍手段的人(这类人经常如此),他也许会在被发现之前的不久之内就已贻害无穷。如果他足够幸运,恰在贸易膨胀期开始掌权,那么在紧缩期到来之前他几乎肯定不会被发现,而紧缩期到来之后,大量数据将会表明他所犯下的罪行。

第三,我担心这种庇护权力一旦被某人拥有,就会毁掉任何一批有真才实干的人。主席的选举必须归于股东大会或董事会。如果是股东来选择,那么就会发生一些类似于美国总统选举的危害。人们会为了获得伦敦金融城首脑的选举资格而购买英格兰银行的股票。被选举的主席会发现他最积极的支持者们是英格兰银行的大借款人,并且他会在决定是履行他对英格兰银行的职责还是感谢那些选择他的人之间感到困惑。如果他是一个能力平平、小心谨慎的人,他很可能会伤害双方;他不会贷出向他要求的那么多贷款,因为这会冒犯他自己的支持者们;但是他会贷出一些有去无回的贷款,而这会减少英格兰银行的利润。为数众多的英格兰银行的股东会为一个有巨大特权的职位做出一个糟糕的选择;他们通常不会选择一个优秀的人,他们所选择的人会因受制于承诺而使自己变得不那么优秀。

而董事会的选择会更好一些。一小部分商人很难被说服去选择一个极不合适的人,但是他们也并不会经常选择一名极其优秀的人。真正的最佳人选可能不如大多数董事们那般富裕,也没有他们那样的地位；自然地，他们不愿把一个在伦敦金融城里不如他们受尊敬的人提升到伦敦金融城的顶端。人们会通过各种方式去游说他们任命一个有商业地位和商业影响力的人。伦敦金融城里许多声名显赫、地位尊贵的人都会觊觎如此高贵的职位，即使不是为了他们自己，也至少是为了某个朋友或亲戚，因而董事们会受到来自方方面面的游说。一个易受有权势的腐败因素干扰的选举最终很难做出一个好的选择。最佳候选人几乎不可能被选上，我担心通常被选上的人会是一个完全不适合如此重要职位的人。并且，一个如此激烈的选举所带来的兴奋会彻底打破英格兰银行的平静。英格兰银行董事会的良好、有效工作依赖于其内部的和谐，而这种和谐会因一次重大选举的兴奋、流言和行为而被永远打破。董事会几乎肯定会被不得不选择一个最高统治者而闹得士气低落，然而，事实上他们能否选择一位优秀的行长这件事充满了不确定性，也没有很大的可能性。

在法国，为选择法兰西银行行长而找到一个合适的团体所遇到的困难很有特点。法兰西银行持有国家的资金，而国家任命它的行长。法国人总是能够为他们所做的一切给出一个合乎逻辑的理由，但他们行为的结果并不总是和他们的理由一样好。我听说，法兰西银行行长并不一定是一个非常精明能干的人；正如我们可以预料的那样，同样由国家任命的副行长通常更好一些。但是，从我们的目的来讲，深究这点并无意义。没有一个英国政治家会同意负责英格兰银行行长的选举。每一次恐慌过后，国会里的反对派就会说，灾难即使不全是由内阁任命的行长的“严重渎职”所造成，也是被他“严重加剧”了。或许，内阁会易手；并且在恐慌时执政的内阁会成为之前任命这一行长的内阁的政敌。在这种情况下，他们往往会对他们的政敌任命的行长认为“值得贯彻”的事情感到并暗示出“深深的遗憾”。他们不会很介意伤害行长的感受。而如果行长辞职了，那么他们将会得到一个有价值的任免权，从而授予他们自己的一个朋友。没有比将英格兰银行的经营管理作为党派政治的一个问题更糟糕的结果了。各党派的成员即使不会在其他任何事情上达成一致，也将会在这一问题上达成一致。

因此，恐怕我们必须要放弃通过任命一位固定行长来提升英格兰银行的治理这一计划了，因为我们不能确定会选择一位优秀的行长，而在很大程度上，我们有选择一位糟糕行长的巨大风险。

然而，我认为有一种更温和的改革措施也许可以保证收益大而风险小。正如我们所见，在英国的政治机构里，一个正直的常任副职避免了一个经常变动的正职所带来的危害。尽管在每一任期内政务官和政务次官会上任、卸任，但另一个政务次官会在所有这些变化中留任，基于这一点，他被叫作“常任”。现在，对我来说，这一体系从其原理上来看完美适用于英格兰银行的行政管理。基于以上给出的原因，英格兰银行不能任命一个固定的统治者；而基于我们刚给出的一些其他原因，一些非常有影响力的固定官员对于英格兰银行的业务管理又是至关重要的。就是这些特有困难和特殊优势，经过必要的修正之后，使我们设计出了我们国家当前的行政体系。

这样一位副行长根本不可能成为伦敦金融城的“国王”。这一职位不会存在有害的特权，它对一个爱慕虚荣的人来说也没有吸引力，也不会有什么事会让它成为一次激烈的游说拉票或无耻的选举活动的目标。这一职位会根据它的性质而处于本来的从属地位，就像政府部门的一位固定秘书一样。因为需要有杰出才能的人，所以工资应该很高——但是工资不能高到会吸引最危险阶层的人。十分有影响力但却并不十分睿智的伦敦金融城高管之所以非常危险是因为他们通常非常富裕；如果他不富裕，几乎不可能有这样的影响力：他想要的并不是钱，而是“地位”。英格兰银行的行长几乎不拿工资，也许他甚至会为了得到这一职位而花钱——但是一个本质上从属的次要职位根本不会吸引他。我们可以把工资增加到足以得到一位优秀人才的程度，而不必担心这样的工资会恰巧诱惑到——正如社会特权所诱惑到的——我们不想要的那类人。

毫无疑问，这样的一个固定职员应该是一个经过训练的银行家。在银行业和其他商业之间有一个基本的差异：在银行业你能承受的风险要远小于其他行业，因此你必须非常小心谨慎。在一般的生意中，商人可以在他所卖商品的成本价上增加一个很大的商业利润，比如 10%—15%；但是银行家必须满足于他所得到的利息——在英国，平均利率不会超过 5%。因此银行家不能像一个商人那样承受许多坏账，他必须十分小心谨慎地选择借款人。真实货币比普通商品更令人垂涎：因为对一个制造商或一个商人尝试进行一次欺骗，就会对一个银行家尝试进行二十次或更多次的欺骗。而且，一个银行家经营的是别人的资金和随要随付的资金，可以说，他必须始终时时回顾并且审查如果有支付要求时他的准备金是否充足；而一个主要经营其自有资本的商人却不需要考虑这些。冒险是商业的生命，而谨慎小心则是银行业的生命。如果英格兰银行董事会的商人们没有错误地把必须适用于他们自己的商业业务的观点带到英格兰银行的业务中来，那么英格兰银行在其准备金管理上就不可能一直到1857年以后还犯下那么多重大错误。英格兰银行的董事们对于英格兰银行的业务几乎总是怀有太多自信，而缺乏警惕。我们要引入英格兰银行董事会的是一种明智的忧患意识，这是每一个经受训练的银行家通过其职业习惯和生活氛围而学会的。

固定行长应该把他的所有时间都投入到英格兰银行的业务中。他应被禁止投身于任何其他公司。所有的现任董事，包括行长和副行长，都忙于其自己的企业，因此很可能出现下面的情况，即正好在英格兰银行的业务应该占据他们大脑的重要时候，他们作为商人而自己经营的业务却占据了他们大多数人的大脑——事实上，这种情况肯定常常出现。就是在恐慌及其来临之前的这段时期，英格兰银行的业务才是最艰难繁重和最需全神贯注的。但也恰好是在这一时期，许多商人的业务也异常需要全情投入，且这很可能是极其关键的时期。但是，由于英格兰银行目前的组织结构，恰恰当英格兰银行的事务需要他们的注意时，其独立的统治者们的注意力很可能从英格兰银行的事务中转移出去。而唯一的补救措施就是任命一位固定的且有影响力的人，他除了英格兰银行以外没有自己的业务，因此在最需要注意力的关键时刻，他很可能会全神贯注于英格兰银行的业务。至少，在恐慌时他的大脑不会被金钱上的顾虑所占据。然而英格兰银行目前的董事们，即使不是全部，也有许多人必然会不断地想着他们自己的事务而无法自拔。

固定的副行长必须是一位董事且与行长处于同等地位。他不必对行长说“先生”。在一个必须表达出尊敬的下属和一个必然接受尊敬的上级之间不存在公平的讨论。上级始终能够驳斥下属不好的观点，而且他们在很多时候就是这样做的；但下属很少敢试着驳斥其上级的糟糕观点。至于有效地陈述自己的观点就更是难上加难了。他停顿、犹豫，不能使用最准确的词汇和进行最恰当的描述，他还可能会描述错误或用词不当，而他的上级会立刻指出他的错误从而导致陈述失败。重要的业务只能在彼此欣赏、能够畅所欲言的人们之间进行充分的讨论。发言的人应该真实地表达出自己的想法，而不是把它藏在恭敬的表达方式里或者由于疑虑的影响而使观点变得苍白无力。英格兰银行所需要的并不是董事们的一个新职员（他们现在有许多出色的职员），而是一个和董事们地位平等的固定官员。他能够与董事们平等地讨论英格兰银行的业务，而在讨论中他还有一点其他董事没有的优势，就是他除了英格兰银行的业务以外没有其他的业务需要考虑。

这样一位固定官员的正式职责只能由某个熟悉英格兰银行业务的人来决定，而不能在公众面前被清楚地讨论。即使是最不重要的确切职责也不可以被讨论。这样的一位官员，如果他稳重、能干、勤奋，很快就会管理好英格兰银行的事务。他会比其他任何人都更好地了解过去的传统和当前的现实，他会变得经验丰富，他会经历许多危急时期，他会时刻警惕它们的再次发生。并且在这样的时刻，他会从与其交往最多的那些人的特性中获得一种指挥的特殊能力。英格兰银行的大部分行长都是谨小慎微的商人，他们在银行业并非完全得心应手，但却十分渴望在自己的任期内做得有声有色而自己又能够逃避责难。如果给他们一个“安全的”方针政策，他们很可能会采取它。现在，听取一个有地位的“权威”的建议几乎总是“安全的”，而不听取这一建议总是非常“不安全的”。如果不断变动的行长依照固定副行长的建议行事，在灾难发生时，大部分责备都将落在后者身上；人们会说像行长这样不断变动的官员很可能不知道应该做什么，而聘用固定的官员并把他安排于此就是要他知道做什么。但是，如果不断变动的行长无视他这位固定同事的建议，从而导致糟糕的后果，他就更应该受到责备。人们会发表诸如此类的言论：“一个没有经验的人却否决一个有经验的人；当英格兰银行的组织机构为他们提供一个有经验的顾问时，他们却根据自己的想法做事，而无视顾问。”对于伦敦金融城里的一个人来说，没有比这种言论更伤人的了。无论对错与否，那里的人都会说：“我们绝不能对判断力上的错误过于严苛，因为我们每天都在犯这样的错误。如果一个负责任的人尽力而为了，我们就不能太过奢求。但是英格兰银行就不同了。如果英格兰银行的行长是在一个错误的体系下做事的，他就要承担不必要的责任。”因此，一个因忽视其有经验的顾问而导致灾难的行长就会永远被认为是伦敦金融城的傻瓜。结果，这一顾问实际上控制了英格兰银行。

我认为英格兰银行能够做的最大改革就是任命一位新的精通业务的固定权威人士，这正是英格兰银行最需要的。我相信这样的一个人能为英格兰银行提供富有远见的、迅速的且连贯的决策，而这无疑是目前的决策中所缺少的。根据我的判断，英格兰银行组织机构的这一变革是目前为止最为急需的，它甚至可能比其他所有变革都更加重要。然而,我们也应该对我们所见的其他缺陷进行改革。

第一,伦敦的银行家不应被全部排除在董事会之外。正如我已经解释的那样,以前的观点认为伦敦的银行家是英格兰银行的竞争对手,如果可以,他们就会损害英格兰银行。但是现在,伦敦的银行家和英格兰银行有一种之前并不存在也不敢想象的关系。在私人存款者中,他们是英格兰银行的主要存款人,因此他们对英格兰银行的稳定性特别感兴趣,尤其是维持充足的准备金方面,因为他们自己的信用和其大量存款的安全性就依赖于它。他们能为董事会带来英格兰银行以外的关于银行业本身的经验,而这是目前的董事们所不具备的,因为他们对银行业所知的全部都来自英格兰银行自身。还存在另一个过时的观念,即英格兰银行的秘密如果透露给银行家们,它就会被泄露出去。但是,可以确信的是,银行家们受过良好的训练,他们比大多数人都更能保持沉默和保守秘密。现在,在银行家和英格兰银行的秘密之间只有一纸之隔。就在不久之前,一家破产的公司中的一位合伙人就是伦敦威斯敏斯特银行的董事,而另一位合伙人就是英格兰银行的董事。在这种情形之下,谁能决定或者区分这些人之间的密切交流呢?

正如我之前观察过的那样,目前为银行家划定的界限是非常技术性的,且仅仅是英国式的。根据欧洲大陆的观点,如果有谁是银行家的话,那么罗斯柴尔德家族的诸位一定位列其中。但是,罗斯柴尔德家族已经有人出现在了英格兰银行的董事会中。而且人们也非常期望他成为董事会的一员,因为那家公司的成员能够给英格兰银行带来具有重大价值的机密信息。然而,对英国银行家的强烈反对至少应该同样地适用于那些外国的银行家们。在某些时期，他们有，或者可能有和英格兰银行的政策相冲突的利益。作为最大的外汇交易商，当英格兰银行提高利率以防止黄金外流时，他们也许希望输出黄金。一个大的外汇交易商可能会因相反利益的看似可信的原因而投反对票——如果这些原因值得重视的话。但事实上，单一董事的特殊利益是不被重视的；几乎所有带来特殊信息的董事都会被置于利益方面的怀疑之下；他们只能从现有的业务中获取信息，而且这样的业务很可能会受到英格兰银行或好或坏的政策的影响。但是你不能仅凭这一点就封闭英格兰银行而使其无法获取当前的信息；我们必须根据整体而组建一个公平的董事会，并且相信，某些个人利益的偏见会在整体之中消失不见。如果这一点能够成为指导性原则，那么英国的银行家就不应该被一直排除在董事会之外。

对财政委员会的组织机构也经常有反对意见。这一委员会是由英格兰银行的行长、副行长和所有担任过这两个职位的董事们所组成的。但是，由于这些职位主要是轮流担任的，所以这种选举模式很容易变成论资排辈的选举，人们对这种年龄优先甚至是年龄垄断的安排会有明显的反对意见。事实上，我认为在某些情况下，这种垄断已经被打破了。当有些董事由于自己企业的业务规模巨大、需要占据他们的全部精力而拒绝成为主席时，他们仍然会被要求成为财政委员会的成员。因此，根据看起来更明智的原则，肯定应该依照成员的能力而非资历来组建一个出于某些目的而类似于管理委员会的委员会。

对英格兰银行董事的人数太多也有一种反对意见。目前，英格兰银行有24位董事，还有一个行长和一个副行长，他们组成了一个26人的委员会，而对于任一难以处理的业务的有效讨论来说，这显然太过庞大。而且由于董事会仅是每周开一次时间很短的会议，所以情况变得更糟。有人夸张但不失真实地形容道，如果英格兰银行的董事们要坐在一起四个小时，那么"仅从这一点就能知道将会发生一场恐慌"。图克先生说："董事会会在十一点半或十二点开会，如果会议时间超过了半小时，那么股票交易所和货币市场会在有一个重要变革正在讨论之中这一消息的刺激下变得活跃起来；而人们会聚集在英格兰银行会议厅的门口来获取这一决议的最早通告。"他继续推测道，当得知外面的人很急躁时，即使里面的人原本没有急躁，也会变得急躁起来。这样一个董事会的决议竟有不可估量的重要性，真是令人感到十分奇怪。

至于改变英格兰银行的组织机构，应该没有什么棘手的问题。现存的组织机构是在过去的时期所建立的，其建立的目的也已和现在大为不同。创建者们也许已经考虑了它要借钱给政府，它要保管政府的资金，它要发行见票即付的银行券，但是在17世纪没人能想到它会保管一个庞大国家的准备金。当我们置于旧事物上的用途是一种新用途时，按照常理，我们应该考虑旧事物还是否完全适合我们所赋予它的新用途。只有当你检查了杯子的状况，并十分小心地适应了它的结构之后，"把新酒倒入旧杯"才是安全的。

第九章　股份制银行

英国的股份制银行是一项非凡的成就。总体而言，英国的股份制公司已经多种多样。许多年前，亚当·斯密就对股份制公司的难题提出了许多富有意义的建议——即使过了这么多年，这些建议也仍需细细研读。但是，股份制银行却是一个例外。四年前，我就这一问题提出了一些事实，并给出了它们的一些原因；现在我斗胆引用这篇文章，因为我认为之后的经验表明，并不需要再在文章中添加一些内容。

符合条件的股份制公司主要有三类。第一类公司，其资本并不是用于业务运营，而是用于为公司的业务做担保。因此，一家银行的业务——它真正的业务——不是开始于它使用自有资本的时候，而是开始于它使用他人资本的时候。保险机构从长远来看也不需要任何资本，所收的保费应该超过累积赔款额。在这两种情况下，资本的目的是让公众放心，并消除他们的顾虑。第二类公司符合这样的特征：要么是它们通过远见卓识而拥有了一种专属特权；要么很可能就是它们已经具有极高的赢利能力，而无须再通过远见卓识来达到繁荣。第三类公司从事的是一种规模庞大、运作简单的资金运用业务:资金的规模比绝大多数个人或私人公司所能支配的资金规模更大;运作的方式简单到用亚当·斯密的话说就是“它能够简化为一个固定流程,或者无须改变的一套流水线式的方法”。

通常,这几类公司中利润最多的就是银行。事实上,刚才提到的所有有利条件都同时发生在许多银行中。一家历史悠久的银行享有一定的声望,这就相当于赋予它一个“特权的机会”;尽管在法律上它没有任何专属权力,但是舆论给予了它一种特权。银行业应该是相当简单的;如果它运行艰难,则是它出现了错误。一个银行家运用通知即付的短期资金经营的最合适证券是那些容易售卖、易于理解的证券。如果银行经营困难或遭到怀疑,那么银行的安全性就会降低。当然,没有行业可以完全简化为固定的规则。一定存在事先形成的理论不能决定的偶然情况。但是,银行业和任何现存的行业一样,或许和任何可能存在的行业一样,都必定接近于固定规则。一家历史悠久的银行,其业务有成为一种简单业务的所有优势,可能还部分地存在成为一种垄断经营的优势。它存在竞争的可能性就好比伦敦酒店(London Tavern)存在竞争一样,任何想要和它们竞争的人都将付出巨大的代价。

但是,对目前的银行业来说,其利润主要来源于必需资本的小规模。作为一个只想要“道德影响力”的行业,它不必用超过必需资本以上的东西来保证这一影响力。因而,尽管一个银行家只经营最安全的、利息最低的证券,但是他却可以赚得并分享其自有资本以上的一个大额利润,因为他手中的资金远多于其自有资本。

正如简单的数据所显示的那样,经验证实了这些结论。我们在文章的下面列出了存在于英格兰、苏格兰和爱尔兰的110家我们有充分信息的银行各自的利润——英格兰银行除外。当然还有其他银行,但是它们甚至都没有出现在当地股票交易所的名单中,而且大多数情况下不公布任何报告。这些银行股利分配的结果如下:

股利分配占资本的比例(%)	公司数量(个)	资本额(英镑)
＞20%	15	5,302,767
15%—20%	20	5,439,439
10%—15%	36	14,056,950
5%—10%	36	14,182,379
＜5%	3	1,350,000
	110	40,331,535

也就是说,这些银行中,25%以上的资本支付了超过15%的股利,62.5%的资本支付了超过10%的股利。其他任何股份制行业都没有表现出如此卓越的结果。

这些账目所提及的时期肯定不是利润特别高的时期——正相反,它是一个利润特别低的时期。利率相当低,而且市场中的优质证券数量非常少。许多银行——从某种程度上说,是大多数银行——已经在它们的账簿中记下了令人伤心的1866年。那一年波及全国的狂热在向银行借钱最多的那个阶层中表现得最强烈,因而,即使是最谨慎小心的银行(在乡村地区和处于受保护状态下的银行除外),其损失也可能比平时大很多。但是,即使是经历了这一令人非常不快的考验,银行业依然是一个利润远超各行业平均水平的行业。

整体而言,这些银行并没有试图分配过多利润并将其作为一个规则,正相反,它们积累了大约13,000,000英镑,接近于其资本的1/3,这主要来源于未分配利润。这些银行中的一些董事迫切希望能够留下尽可能多的利润,而分配尽可能少的利润。

原因一目了然:在这些银行中,支付20%以上股利的都是历史悠久的银行,而支付15%—20%股利的依然是这些老银行。我们所说的“特权的机会”在这些数据中显而易见;它使得这些银行能够支付很多股利,而没有它,银行将不能支付很多股利。利润总额很明显地与“特权的机会”的价值成比例。除了一家银行以外,所有支付20%以上股利的银行,其历史都超过了25年;而支付15%—20%股利的银行亦是如此。一家新成立的银行不可能赚得这么多利润,或者会因竞争而减少很多利润;如果它尝试这么做,那将只会毁了自己。如果不去尝试拥有多年积累下来的信用,它就会在获得这一信用之前销声匿迹。

这一特权机会的价值也和为获得它而付出的代价成比例。一些历史悠久的银行必须为它们所有的资金支付利息,而另外一些银行有很多不需要支付利息的资金。那些给予其客户较多利息的银行当然只能为其股东留下较少的收益。因而,在每日付息的苏格兰,列表中没有银行支付15%以上的股利。苏格兰的各银行利润分配是这样的:

	资本额(英镑)	所分配的股利(%)
苏格兰银行	1,500,000	12
大不列颠利嫩公司	1,000,000	13
苏格兰人银行	125,000	10
克莱兹代尔银行	900,000	10
苏格兰商业银行	1,000,000	13
苏格兰国民银行	1,000,000	12
苏格兰北方银行	280,000	10
苏格兰联合银行	1,000,000	10
格拉斯哥城市银行	870,000	8
皇家银行	2,000,000	8
合计	9,675,000	

利润已相当不错,但根本无法与伦敦威斯敏斯特银行或南方其他最赚钱的银行相提并论。

根据这种方式计算,英格兰银行确实不如英格兰其他的银行分配的股利多。它赚取的利润很大,但同时它的资本也很庞大。事实上,英格兰银行遭遇了两个难题。虽然比其他股份制银行历史更加悠久,但它却属于利润较少的那部分。当它成立时,银行更多地靠自有资本和票据发行的收益来获利,而非通过使用存款来获利。英格兰银行和国家最初的关系更像金融公司与国家的关系,而非我们现在所认为的银行业与国家的关系。如果英格兰银行不向政府提供贷款(我们现在认为这并非确定无疑),那么它就不会存在,因为政府决不允许它存在。英格兰银行不但自有资本相对更大,而且其赢利方式也相对更少。由于传统和协议,英格兰银行会(以非赢利的现金形式持有)比其他银行更多的准备金;如果它不持有这一准备金,那么不是我们的体系必须做出改变就是我们将彻底破产。相应地,英格兰银行的赢利能力和其他银行相比更弱,但同时它要分配的股利却多于其他银行。

将股份制银行的实际情况和我们所感受到的它的担忧相比较将是非常有趣的。奥弗斯通勋爵(Lord Overstone)观察道:"我认为除了在延伸性责任方面之外,股份制银行在银行业务管理所必需的每一件事情上都存在缺陷。银行业务特别需要从业人员留意所有细节,每时每刻、从不间断地注意每一项交易,这比其他商业或贸易业务要求得多。它还需要根据出现的情况快速做出决定,在很多情况下,一个决定根本不容许为进行磋商而延迟做出。此外,它还需要依据每一种情形的特殊条件而具有一定的灵活性。由于股份制银行必须通过代理人而非委托人来经营,因而在一般规则的约束下,不可能完全依据委托人性格之间的差异来行事,也不可能通过依据每一种情形的有利或不利条件而在企业陷入暂时的困境时调整援助的方式。"

但是,恰好是在这一方面,股份制银行很可能改善了银行业的业务。在以前,古老的私人银行常常把很多钱贷给私人;正如奥弗斯通勋爵在另一个场合所解释的那样,银行家可以不要任何抵押品,但是他对辨别力、理解力和借款人的偿付能力形成了自己的判断。当伦敦还是一个相对较小的城市时,当相比之下每个人都经营着自己本身的业务时,这种做法可

> 能是安全的。但是现在，伦敦已经是一座大城市，一个人不可能关注其他所有人，这种贸易方法将是灾难性的，即使是在一个乡村小镇，这样做也几乎是不安全的。股份制银行完全不适合采用奥弗斯通勋爵所指的那种经营策略，但是，那种经营策略也完全不适于现在。

股份制银行的成功正和人们对它最初的期望相反。不仅是像奥弗斯通勋爵这样的私人银行家，众多有思想的人都担心股份制银行将会很快自我灭亡，而且会在全国引起衰退和恐慌。在1830—1840年间，英格兰所有的商业著作都充斥着这种观点。直到1840年，它还没有结束。迟至1845年，皮尔爵士还认为股份制银行的成立是如此危险，以至于会遭受严重的、异常的困难。由他提议的1845年条例规定，除非实交50%的股份，否则这样的公司不能成立。这很有效地抑制了这类银行的发展进程，因为很多年以来，或者说直到条例废除之前，鲜有新的银行成立。但是在这一点上，和在其他许多情况中一样，皮尔爵士会被认为是聪明之人，而非远见卓识者。他担心看到他周围有某些股份制银行崛起；但是他立法的效果，即便是没有给这些特有的银行以垄断权，也至少为它们免除了新的竞争对手。现在没人成立或能够成立一家新的私人银行，并且皮尔爵士阻止了新的股份制银行的成立。尽管他极其不信任成立于1826—1845年间的股份制银行，然而事实上他是它们特殊的保护人，他比其他任何人都更支持和保护它们。

但是在这个精彩的成功背后，有两点值得怀疑，有两种不同类型的考虑使得我们不能说在其他国家，甚至是在有合作能力的国

家，股份制银行也能如我们在英格兰所看到的那样成功。第一，虽然基于其一流规模，这些大银行为了应对它们的负债而应该持有大量准备金，但实际上它们并没有这样做。当然，与现在相比，最初它们规模很小。它们发现英格兰银行周围聚集了很多私人银行，因而它们也加入其中。它们不但最初就把准备金存入英格兰银行，而且并没有持有在不存在英格兰银行的情况下它们应该持有的那么多准备金。很长一段时间，这都没有引起注意。许多年来，“通货”问题，特别是1844年条例问题，吸引了所有关注这些主题的人们的注意力。甚至是那些热切渴望说出股份制银行弊病的人们也没有提及这一特殊的弊病。据我所知，第一次在重要文件中提及这一问题是在1857年的一封官方信函中，这是时任英格兰银行行长的威格林先生写给时任财政大臣的乔治·刘易斯爵士(Sir George Lewis)的一封信。乔治·刘易斯爵士要求英格兰银行的行长和董事们各自发表对1844年条例的意见，他们所有的回复都公之于众了。威格林先生在他的回复中说：

“如果把英格兰银行持有的准备金数量和股份制银行持有的准备金数量进行对比，那么我国的信用中一个新的迄今为止很少被考虑的危险根源将会自动地呈现出来。根据其公开账目，伦敦的股份制银行拥有的存款达到30,000,000英镑，而它们的资本金不超过3,000,000英镑，各种形式的投资平均达到了31,000,000英镑，只留下2,000,000英镑来应对如此巨额的负债。”

但是这些重要的话语在当时的讨论中却很少被注意到。其他的问题遮蔽了当时的讨论氛围。但是关于这一主题我已在这本书中说了很多，现在只需简单描述几句。现在股份制银行的大部分准备金都以存款形式放在票据经纪商那里，或者以优质的可转换计息证券的形式存在。从这些形式的准备金中，它们获得了大量收入，而这些收入增加了它们的利润。如果它们要以无收益的现金形式持有比现在多很多的准备金，它们的股息将减少，它们的成功也会变得不那么显著。

关于我们的股份制银行，许多冷静的观察者们越来越感受到的第二个考虑集中于它们的治理问题上。这种治理机制足以很好地借出如此多的资金并保证它们的安全吗？众所周知，股份制银行是由一个董事会在一名总经理的协助下进行管理的，并且伦敦具备组成一个优秀董事会的无与伦比的条件。这里有许多财力丰厚、精明睿智且经验丰富的商业人士，他们每天投身于伦敦金融城，而且整天留在那里，但是他们手上有大把的时间。一个只经营或主要经营其自有资本的商人通常有许多空闲时间。他必须出现在市场上，并且获悉正在进行着什么。每天他都有一些业务需要处理，但是他的事务也可以很少。他的资本只能承担有限数量的购买，如果他的购买量多到需要填满他每天的时间，他将很快破产，因为他的资本不足以支付这些购买量。因而，许多出色的商人都全身心准备着成为董事会成员，并照料公司业务，为雇主的利益服务。拥有一份能够带来尊贵和权力的引人注目的职业令他们非常满意。随着大城市商业的发展与扩张，这类人的数量也在扩大。在伦敦，一家大银行能够轻而易举地组建一个由认真、细心、老练的人所组成的委员会。在以前是绝不可能组建这样的委员会的，就是现在在其他地方也做不到这一点。

对于一名优秀的银行家来说，成为一名经理是一件容易做到

的事，而在之前这是绝不可能的。这类人的数量正在大幅增加。任何一位精通数字、有真正睿智的判断力且细心的人都能够很容易地让自己成为一名优秀的银行家。银行家能够安全地贷出资金的方式并不多，一个头脑清晰、冷静且勤奋的人能够很快就学会关于这些方式的必要技能。我们关于不动产的复杂法律已经成为了乡村银行的一种障碍，因为它需要一些专门的学习来理解这些充满专业术语、只能通过叙述它的历史来解释的法律要素。但是，大城市的银行业很少与地产贷款有关。因而，任何一个有志于掌握它的银行家都能够轻而易举地获得剩下的必备知识。无疑，还有许多工作流程需要学习，一家大银行的经理必须快速地熟练于处理业务。但是，有许多人刚一成年就已掌握这个工作流程的一半。他们学习它就如同学习一门语言一样，而要想忘记它也和忘记一门语言一样难。并且他们中有才干的人几乎能以一种神奇的速度完成和这一工作流程相关的业务。伦敦目前的一家银行能够毫无困难地就获得一个非常优秀的经理和一个非常优秀的董事会。

也许有人会问，还需要什么？我会回答，还需要很多。一个最优秀的董事会所能真正完成的所有事情是就经理呈现给他们的议题做出一个有益的决策，也许还要对他们中的一两个热心的董事所提议的讨论形成一个有益决策。一个十五人或十八人的会议完全不胜任多于这个数量的业务交易；如果发现他们能胜任如此多的业务，那么将是幸运的，也必须要好好加以指导。由这些人所进行的即使是一个非常简单的实践问题的讨论也会是有些沉闷乏味的。他们中的许多人希望在每一个做决定时刻都发表言论，其中有些人（也许是他们中最优秀的一些人）只会费力、缓慢地说话。

通常，他们会立刻讨论好几个问题，除非这一讨论被一名严厉的主席所严格注视；即使是在一个非常简单的议题上，讨论也经常会提出无法回答的重大问题；并提议更多的这次会议不能做出有益决定的问题。由许多人讨论许多问题所需的时间只会阻碍众多与会者检视一件重大且复杂的事情。

而这并非唯一的困难。一个董事会对一项重大业务的真正管理不仅需要比他们愿意花在会议中的时间更多的时间，而且需要比一个单独的董事愿意给出的更多的时间和思考。董事们所投入于银行业务中的仅仅是他们多余的时间和精力。他们不能给予银行更多，剩余的时间和精力需要投入在他们自己事业的安全管理上，如果把这个从其自己的事业中拿走，那么他们就要破产。他们中的少数人也许还有一些其他业务，或者他们也许还有生意上的其他伙伴，还能依靠伙伴的事业，还能信任伙伴的判断力；或许有一两个人会选择退休。但是，对于大部分人来说，不能在无视自己业务存在巨大破产风险的情况下成为一家公司的董事，并且主要关心公司的业务；如果他们破产了，他们的信用就会消失，从而他们就不再被传统所允许而成为一名董事。

即使十五六个富有且能干的人通过其有效和持续的检查有可能真的会管理好一项业务，最大的企业也不可能轻易地承受得起这一管理的代价。我说富有，是因为管理一家大银行的董事会成员必须是有地位、有名望的人，否则他们将会失信于银行；他们不必富有到身家百万，但一定得因拥有充足的资本和经营大量的业务而为人所熟知。但是这些人的劳动——我说的并非他们的多余能力，而是主要精力——一定价格高昂。经商这项职业在实践中所需的知识和技能通常真的和法律及医学一样多，同时还需要资金。一个在他所完全理解的行业中经营一定资本的商人，不仅能够通过这一资本赚取利润，而且真的能够通过他的职业技能获取巨大收入。他同时能从资金和天赋中得到收入。要想诱使十六或十八个人放弃这样的地位和收入而将其全部精力投身于一家股份制公司的事业中，薪水必须高到银行支付不起的程度或超过每个人的预期。

由于整个董事会的有效管理是不可能的，因而存在整个业务都落在总经理身上的重大风险。许多悲惨的例子已经证明了这是十分危险的。即使当股份制银行的业务量很小，委托于它的存款也非常少时，一个经理有时也会做出非常危险的欺诈行为，并且经常会犯下毁灭性的错误。实际的犯罪总是很罕见的；但是，当一家大银行不受监督的经理掌管着数不清的资金时，我们肯定会预料到，巨大的诱惑有时会战胜人性的脆弱。但是，失误比欺诈更可怕：一个乐观的经理所犯的错误要比一个不诚实的经理的盗窃更加致命。简单的错误观念比蓄谋已久的欺诈更常见。一名喜欢冒险、似乎可靠且充满自信的经理对银行所造成的损失将远远超过任何一名不诚实的经理用其最巧妙的方式犯下欺诈错误所造成的损失。如果把银行业中由过错所造成的损失和由欺诈所造成的损失放在一起，前者的数额巨大是后者不可比拟的。对于一家银行来说，没有什么是比让一名热切的、活跃的经理只听命于一个人数众多的董事会的监管更不安全的管理机制了，即使董事会非常出色也不可以，因为经理能够轻易地从事危险且不安全的交易，而这是董事会所不能制止的。

补救措施应是这样：一定数量的董事，不管他们是比其他人有更多的空闲时间，还是他们更愿意把大部分时间贡献给银行，都必须形成一个有效工作的委员会。这个委员会必须要经常开会，必须调查每一项重大交易，必须熟悉每一个大借款人的财产和地位，必须与经理进行持续不断的交流以确保他不可能在他们不知情的情况下从事极度危险的有害业务，并且能有机会防患于未然。在几乎所有的情况下，他们都会阻止经理这样做。所有的委员会都是谨慎小心的，一个由从大城市挑选出来的谨慎的商人组成的委员会，如果会犯错，通常就犯在谨慎方面。一个被授予了大部分董事权力，并像内阁一样在董事会会议上指导其审议的小而精的次级委员会，其日常监督是防止一家银行陷入一个专横、活跃的总经理的鲁莽行事中的唯一适当保证。在这样的一个委员会面前，欺诈很可能绝不会发生，即使是现在，它也仅是一个微小且次要的危害。

我们已经依稀知道，一些这样的委员会已经存在于我们大部分的股份制银行中了。但是，它们真正的组织机构却不为人知。也许在任何一家这样的大银行中，没有客户或股东知道管理委员会的名称。而这是一个重大错误。一个大的存款人应该能够确定真正管理他的存款的人是谁。而一个大股东更不应该在他知道谁在代表他的利益经营以及谁有可能毁了他之前袖手旁观。这个委员会应该由那些经过调查能够确定具有高尚品格和良好判断力的从容不迫的商人所组成。如果公众和股东知道存在这样一个委员会，他们将有充足的理由信赖这家银行，而这些理由目前却没有给出。

由一定数量的董事轮流每日出席不应该被看成是一个固定委员会的替代。它没有足够的责任。一个不断变动的组织不可能有任何责任。周一出席的董事们所同意的交易可能恰好是周二出席的董事们所不同意的。对于大多数行业来说，尤其是银行业，始终由相同的人做出决策是至关重要的；交易链必须经过相同的大脑。如果这些人始终相同，那么即使一群平庸的人差不多也能管理好一项重大的业务；但一群最聪明但经常变动的人根本不可能管理好这项业务。你也可以尝试让一个类似变动的内阁来管理国家事务。

我们的大股份制银行在如此小心地隐瞒其管理细节、免于这些细节受到讨论的危险方面是轻率的。毫无疑问，他们将会回答道："让我们保持独立。正如你已经承认的，我们从未取得过像这些银行所取得的如此巨大的成功。你还要奢求更多吗？"我只能说我想进一步证实这一巨大成功，并使它安全地延续到未来。现在，至少存在反复的可能性。假设，由于管理方面的缺陷，伦敦一家大的股份制银行破产了，那么将会立即出现对整个体系的怀疑。一个未知领域被认为存在缺陷，其他每一个未知领域都会受到怀疑。如果这些银行真实的治理机制已被人们熟知多年，如果人们知道一家存在的银行并不是由导致已倒闭的那家银行破产的那种治理模式所管理的，那么这家银行的破产将不会造成伤害。其他的银行会被认为能免受导致那家银行破产的因素的影响。但是现在，一家大银行的破产会极大地损害所有银行的信用。几乎没有人知道任意一家银行确切的治理机制，它也从没有在权威著作中被描述过。而一家由于重大管理失误而破产的银行会传递给公众一种

其他银行也容易出现管理失误的暗示。即使是对一个值得称赞的组织机构的滞后披露也不会对存在的银行有太多帮助:因为这是不得已而为之,所以它会遭到怀疑。习惯怀疑的公众会说:"现在他们当然会说自己都是完美无缺的,因为他们也只能这么说了。"

不仅这些大银行的存款人和股东对其良好的管理非常感兴趣,公众亦是如此。我们已经看到,相对于负债来说,我们的准备金异常之少;我们已经看到,这些大银行的崛起,已经降低了准备金相对于负债的比例;我们已经看到,准备金所承受的最大压力就是一场"恐慌"。现在没有什么因素比伦敦一家一流的股份制银行的破产更能制造一场恐慌的了,也许所有其他因素都没有如此强大的力量。这样的事件具有类似于奥弗伦—格尼公司破产的效应。几乎没有其他事件能有同等的效应。因此,在我们银行体系的现有组织架构下,对我们所有人来说,这些银行的管理是头等大事。

第十章　私人银行

也许，读者读到上一章最后一部分时已经有意要说我肯定是股份制银行的一个潜在敌人。至少，我指出了我所认为的它存在的重大缺陷。但是我担心读者读到本章时也可能根据类似的原因而认为我是私人银行的一个敌人。我只能希望这两种印象能互相抵消，并且也许能够表明我并非有意不公。

我不能想象有什么能比私人银行在其发展之初所呈现的那样，无论是在理论上还是在实践中都更加优越或更为成功。邻居们会把大部分钱都委托给一个财富、品德和才能都为人所知的人。这种信任完全是针对个人的。他的邻居了解他并信任他，因为他们相互熟识。他们每天都能看到他的生活方式，由此得出的判断使得他们的信任理所当然。在以前的乡村地区，除了在他所生活的地方以外，一个人想要破产都难；因为他把大部分钱都花在家乡，如果他做投机生意也只是在那里进行。生活在那里的人们也能很快知道这个人的行为方式是否动摇了他们的信任。即使是在当时的大城市，对于大多数人来说也能有相当的把握确定那些引人注目的人的真实地位，并掌握所有确定他们的信用的资料。因此，一个成功经受了多年严格且持续考查的银行家，会变得非常富裕和非常有权势。

“伦敦银行家”的称呼尤其具有迷人的价值。他被认为是代表了(通常也的确代表了)财富上的睿智和文化上的高雅的某种结合,而这很难在社会上的其他地方找到。在商人阶层比现在粗鲁很多的时期,许多私人银行家所拥有的知识面以及才能即使放到现在也是非常稀有的。这样的一个地位确实是非常有利的。职业是世袭的。银行的信用从父亲传到儿子:这种继承的财富很快就带来继承的教养。银行业是一个需要谨慎但并不辛苦的行业。一个银行家,即使业务量巨大,也可以相当有把握地确定他所有的交易都是稳健的,而且他有许多剩余的精力。他可以把他一定的时间和相当多的精力投入到其他追求中。如果愿意,一个伦敦的银行家能够结交社会上最杰出的精英。很可能不会有像作为一个伦敦的私人银行家那样幸福的地位了。也许不会有比这更幸福的事情了。

怀疑这样一个阶层的持续性是很痛苦的,然而,恐怕我必须怀疑它。因为数据就不支持它。在 1810 年,票据交易所所承认的伦巴第街中的私人银行有 40 家,而现在却只有 13 家。尽管自 1810 年以来,银行业务增长巨大,但是这一类型的银行数量却日趋减少。最糟糕的是私人银行竟然没有新的增加。在商业中并没有许多公认的不可能,但每个人都承认“你不能成立一家新的私人银行”。伦敦再也没有成立这样的私人银行。据我所知,在乡村地区,也已很多年没有成立私人银行了。以前的私人银行或合并或倒闭,因而数量减少,但是也没有新的私人银行来增加其数量。

真实情况是最初有利于私人银行建立的环境现在已消失殆尽了。世界变得如此广袤而复杂,以至于并不容易确定谁富谁穷。

当然，在英格兰还有一些其财产为人所熟知、必然是极其富有的人。但是，这些人并不想承担私人银行的重大责任。如果他们能在私人银行业得到好处，他们可能会留在其中；但是他们绝不会为了自己而进入这一行业。如果他们这样做了，我猜想人们将会开始怀疑他们，甚至怀疑他们的财产。人们会说："A 进入银行业是为了什么？他不可能如我们想象得那样富有。"一位百万富翁通常会在责任面前退缩，而大银行的本质就是要承担重大的责任。无疑，还存在许多就像我们现在所认为的"二等"富裕的人，要是他们能经营银行的话，他们完全准备利用私人银行的利润来增加自己的收入。他们的财富并没有充分被世人所认知。他们不能获得必要的信任。英格兰之所以没有新的私人银行成立是因为一等富裕的人不愿成立私人银行，而不是绝对一等富裕的人又没有成立私人银行的能力。

现在，私人银行也遭遇到了前所未有的竞争。由于我之前所提到的变化，股份制银行已开始与它竞争。在以前这是不可能的。英格兰银行在合伙银行业具有垄断权。但是现在大的存款性股份制银行已经跻身于伦巴第街最著名的银行之列。它们有大量的实收资本和清晰的公开账目，它们把这些当作持续不断的广告，而任何个人都不可能用他自己的财产去做广告。通过持续的发展，它们有效阻止了任何一家新的私人银行成立。

私人银行目前的业务量完全不为人知。它们的资产负债表是真正的机密——被严格保守。但是，除了少数最大的几家，人们认为这些私人银行根本就没有业务。伦巴第街的公认声望可能在某一特殊情况中是错误的，但是根据一般观点，它几乎肯定是正确的。虽然存在几个众所周知的例外情况，但是根据普遍观点，伦敦大部分私人银行的存款趋向于减少而非增加。

至于较小的银行，自然也是如此。大银行总是趋向于变得更大，而小银行则趋向于变得更小。人们理所当然地会选择目前最有信用的银行家来作为自己的银行家，而手中最有钱的那一个就是拥有这一信用的银行家。这就是一家历史悠久、财力雄厚的银行拥有“特权的机会”的含义所在。它经营业务所处的位置比其他任何一家银行都要更好。相对于老的竞争者它有巨大优势，而相对于新的竞争者它有压倒性的优势。伦巴第街的新进入者根据竞争的结果做出判断。他们把信用给予那些拥有信用的银行，他们仅因为这家银行最大就把钱存入这家银行。展望未来，我承认我不能期待较小的私人银行依然能够存续下去。虽然它们的老客户不会离开它们，它们也不会出现毁灭性的破产或突然消亡，但是它们的潮水会渐渐退去，它们的业务会被其他银行所取代。

现象已暗示，原理已表明，伦巴第街的业务迟早会在股份制银行和少数几家大型私人银行之间分配。然后我们会问自己这样一个问题，那些大型私人银行能够永远存在吗？我确信我应该十分遗憾地说它们当然不能，但同时我不能对它们必须要战胜的重大困难视而不见。

首先，巨大的世袭企业是危险的。这种企业的管理需要超常的勤奋和能力，但是谁也无法保证这些会世代相传。奥弗伦—格尼公司就是这一灾难的一个非常值得警醒的例子。很可能不会找到比这一家族的创建者和第一代管理者更聪明的企业家了（我所指的更聪明是针对他们特殊的职业而言）。但是短短的几年之后，企业的管理传到了这样的一代人手中，其愚蠢超过了可想象的无能的通常限度。不久后，他们用衰败取代了繁荣，变富裕为破产。幸运的是，如此骇人的愚蠢是很少见的，一家银行的业务也几乎不如一家贴现公司的业务那样艰难。然而，愚蠢还是常见的，一家大银行的经营需要强大的能力，甚至需要更高程度的训练和冷静的判断力。不可思议地发生于绿树中的可能也会同样地发生在枯枝上。一家大的私人银行可能会由于其管理者由睿智沦为愚蠢而变得非常衰败。

幸运的是，伦敦至今还没有这样的例子；事实上，我们几乎没有这样的机会。现在，私人银行的规模已经变得非常小，小到我们现在只能勉强称其为银行。鉴于它们的危机状况，一般的能力和充分的谨慎就足够了。但是如果银行的规模扩张了，那么就需要更强的能力，世袭的管理机制也会开始感受到持续的困难。“父辈们拥有超凡才智并开疆扩土，但是子孙们才疏学浅并败坏家业。”这是所有伟大的君主制国家的历史，它也可能是伟大的私人银行的历史。奥弗伦—格尼公司这一例子的特殊性在于其危害被很快发现了。最富有的合伙人最不关心合伙企业的管理；而当他们发现难以置信的损失正在毁掉他们时，他们不再关心这一企业，而是把它变成了一家公司。除此之外，他们什么也没做。至少如果他们防止了进一步的损失，这一合伙企业现在可能依然存在而且拥有最高的信用。是他们损失的公开导致了他们的破产。但是如果他们继续作为私人合伙企业而存在，他们就不必披露这些损失，他们也许已经从其已积累的巨大利润中悄悄注销了这些损失。他们手中握有其他人的不会受到干扰的数千万资金。他们的破产在全

国范围内所引起的波动最终表明他们曾经受欢迎的声望是多么地广为人知和不可削弱。在乡村地区（正如我通过经历所知的那样），不管你怎么说，没有人会相信一句不利于他们的话。灾难降临是因为在改组企业时，之前私人合伙企业的合伙人——尤其是格尼家族——曾保证新公司会把之前的损失赚回来，然而那些损失却变得比预期还大。为了弥补损失，格尼家族不得不变卖不动产，而他们可见的破产损毁了公司的信用。但是如果没有这种保证，如果没有变卖不动产，如果巨大的损失能够悄悄地掩于隐藏的总账中，那么，没有人会变得惊慌，那么奥弗伦家族的事业和信用也许已经延续至今，他们的名字仍会继续成为最显赫的家族名字之一。由于他们本质上的保密性，通过世袭而将优秀的管理遗传下去的困难在私人银行和贴现合伙企业中体现得最为明显。

危险确实能够通过不断加入新的有才能的合伙人而得以克服。旧血液的退化可以通过新鲜血液的出色品质来弥补。但是对于这一点，存在一种从表面上看没有什么价值，而在实践中却有许多真实影响的反对意见。新合伙人的加入需要老合伙人在收入上做出巨大牺牲；老合伙人必须放弃新合伙人所得到的，而他们不会喜欢这样。有效的补救措施是如此令人痛苦以致我担心它可能经常会被推迟很久。

因此，我不能确信我们的私人银行业体系能够延续下去。我可以肯定，在不久的将来小银行就要走向尽头，而大型私人银行所面临的困难也将十分巨大。同时，大型私人银行的有效管理会变得非常重要。银行业目前的状况使得做到这一点变得十分困难。银行业务的范围以不可阻挡的速度在扩增。支票使用量逐年递增——不仅绝对量更多，而且人均量和支票占收入的比例都在增加。一个普通账户的支付进出次数较之以往大大增加。这导致了业务项目的巨大增长。同时，各家银行最近都开展了一项新业务。它们不仅吸收存款，而且还代收账款。许多人完全靠以息票形式支付的股票、公司债券或外国债券的收益生活，而这些都交由银行代为收取。银行通常保管着足够多的公司债券、股权凭证或外国债券，人们期望看到当息票到期时，能收回利息或股息，并把它转换成现金以用于支付。所有这些项目的数量都是惊人的，它需要一个专门的机构来处理。

如果运行良好，一家大的股份制银行就有这一机构。在其行政高层有一个负责银行项目的总经理，他投入其中，且几乎愿意全情投入。他很少考虑其他事，他也应该很少考虑其他事。他的一个首要职责就是组建一个各自职责已确定的次级职员等级制度，并观察他们能够并且确实履行了这些职责。但是在伦敦，这类私人银行通常没有这样的职员。它们是由合伙人来经营的：现在这些合伙人一般都是富人，很少有能力去处理满是琐碎项目的大业务，即使他们有这种能力，也不愿把自己全部的生活和精力都投身于此。一个拥有了像伦敦的大银行家一样的大量财富、教养和社会地位的人如果还投身其中，那他就是一个傻瓜，他这样做就是以一种并不舒适愉快的生活去取代一种舒适愉快的生活。但是这些项目必须要妥善处理，也必须要专门选择某个人来关注并处理它们，否则它们将不能被处理妥当。直到现在，或者直到最近，这种困难还没有被完全感受到。一家小型私人银行的业务项目足以由合伙人来进行有效管理。但是，正如已经说过的那样，银行业的琐

碎项目——相对于银行规模来说——正无处不在地增加。如果私人银行业没有消失，它们的规模就必须得扩大，因此迫切需要一个针对琐碎项目的有效组织。如果银行发展了，并且同时琐碎项目随银行成比例地发展了，那么除非已引起担忧，否则可怕的混乱将近在咫尺。

我能想到的唯一有效的组织就存在于和私人银行相对立的机构中（股份制银行）。我相信，大型私人银行将不得不以某种形式、某种名称或其他的什么来任命一位可以为他们监督、谋划和处理琐碎项目的总经理。这一组织的精确形式是不重要的，每家银行都可以有其自己的形式，但是那个人必须要在那里。这种银行中的私人合伙人的真正职责非常类似于股份制银行中董事们的职责。他们应该组建一个固定的委员会来与其总经理进行协商并监督他，同时要处理重大贷款和原则性问题。他们不必亲自负责琐碎项目；如果他们这样做了，将会立刻带来两种危害：琐碎项目不能被有效处理，且他们本应用于决定重大事项的精力将会从那些重大事项中转移出去。这会在银行中造成持续的烦恼，而在烦恼中就易于贷出不良贷款，就易于遭受资金损失。

这一组织的附带好处是它使得私人银行转变成股份制银行变得更容易——如果这种转变是必要的话。在机会合适、形势所需的情况下，私人银行也许会并入股份制银行。讨论这一问题没有什么冒昧之处。私人银行的组织机构变得如同股份制银行那样，全体公众都会欣然感到这应该是件好事。对一种良好组织的需要也许会导致一家或多家私人银行的破产；而这类银行的破产虽然应该不会造成恐慌，但是很可能会加剧恐慌。

第十一章　票据经纪商

在银行业的每一种体系下，不论其中的准备金是由许多家银行持有，还是只由一家银行持有，总是存在这样一类人：他们能够比勤奋的银行家更细致地检视不同证券的本质，由于他们只从事一类业务，因而他们对这类业务特别熟悉。并且，由于这些具有专门资格的交易商在大多数情况下都能够贷出远超于他们自有资本的贷款，因而他们始终准备着从银行家或其他人那里借入大量资金，并将他们所认为的优质证券作为贷款保证。他们通过这样的操作而成为借款的公众和资格欠佳的资本家之间的中介人；他们比普通的资本家更清楚地知道哪些贷款更优而哪些更糟，他们从普通资本家那里借款，然后通过以高于他们支付给普通资本家的利率贷给公众来赚取利润。

许多股票经纪商从事大量的这类业务。他们发放大量的外国证券、铁路股票或其他这类证券的抵押贷款，然后通过将这些证券抵押给银行以获得同样数额的贷款，虽然并不总是如此，但这通常向银行提供了他们的保证。但是到目前为止，这些中间交易商中的最大群体就是票据交易商。商业票据是极其难以理解的一种证券。不同商人的相对信用是重要的“口碑”；它是从未在书本中描述过的，也不太可能被这样描述的大量最具价值的知识。它的核心主题每天也都在转变和变化，在年初时对一个家族信用的正确表述可能到了年末就是一个非常致命的误述。每年都有很大变化：一些家族更加昌盛，而一些家族日渐衰落。在某些特别的年份，这种变化是巨大的。比如在1871年，许多实干的人赚了很多钱以致在年末时他们所值得拥有的信用远远超过了年初时人们想要给予他们的信用。相反，在1866年，一次传染性的破产损害了许多公司和个人的信用，尤其是许多之前信用最好的人。这样的年份彻底改变了商界中的一个重要部分：关于票据交易商的终极问题——“哪些票据能够兑付而哪些不能？哪些票据是次等的而哪些是一等的？”——在年初和年末的答案将非常不同。一个并不了解被称为“当事人信誉”(the standing of parties)的这一重要商业传统的人，一个没有亲自、不断地注意每时每刻都在损害这一传统的正确性的必然变化的人，不可能成为一名出色的票据经纪商。一个人的信用——他在金钱方面的可信度——和他的财产是两码事。无疑，其他事情是相同的，一个富人比一个穷人更可能偿还债务。但是另一方面，市场中有许多并不十分富裕但作为商人拥有信用的人，他们所拥有的信用远超于财富数倍于他们的人。因信守诺言而长期为人所熟知的一家公司或一个人，所能产生的信用程度并非依赖于其财产的数量。那些买入卖出迅速的人通常所占有的资本远多于他们的自有资本；正如这些术语所表达的那样，他们获得这些资本的能力依赖于他们的声誉、地位和信用，而更加直接地依赖于和他们进行贸易的人对其所形成的评价。贸易商筹集资金的主要模式是通过汇票。在到期日他们兑付这些票据的预计可能性是他们信用的衡量标准。而那些最擅长估计这种可能性的人，唯一确实能够准确估计这种可能性的人，就是票据经纪商。这些经纪商利用他们特殊的知识从银行家或其他人那里借入大量资金。通常他们会把这些票据作为抵押品放在银行，并自己为这些票据的品质提供担保。然而，虽然这两种做法都是普遍规则，但实际上它们都不是必需的。正如我之前所说的，当奥弗伦公司破产时，他们用这种方式借入了非常多的借款。现在在市场上还有其他一些公司也借入了同样多的借款。

通常的情况是，这种业务只是逐渐地增长。1810 年，在伦敦还没有与我们现在所称的票据交易完全相符的这类业务。理查森(Richardson)先生是当时的主要"票据经纪商"(按照这一术语当时的理解)，他向黄金委员会这样描述他的业务：

"乡村银行代理商的本质是什么？——它有两层含义：第一，当乡村银行家偶尔需要通过贴现来借钱时，用票据为它们筹措资金，而这是不经常发生的；第二，通过贴现票据为乡村银行家发放贷款。我通过贴现为乡村银行贷出的资金要比为它们借入的资金多五十倍。

"你是否把伦敦的票据拿到乡村去贴现呢？——是的。

"你是否会为了在稍后进行贴现而把从乡村收到的票据拿回伦敦呢？——是的，相当一大部分，从乡村的某些特别地区。

"通过这种方式，并不是两批票据都要进行贴现？——是的，从乡村的一个地区收到的票据会送到另一个地区进行贴现。

"那么它们并不是在伦敦进行贴现？——是的，在乡村的某些地方，只有很少一部分票据以伦敦为结算地，如诺福克郡、萨福克郡、埃塞克斯郡和苏塞克斯郡等地；但是那里有许多流通的乡村银行券,主要是可选择票据。在兰开夏郡却几乎没有流通的乡村银行券,但是那里有大量的以伦敦为结算地的两至三月期的票据在流通。我特意从兰开夏郡收来大量票据,然后把它们汇到诺福克郡、萨福克郡等地;那里的银行有大量的准备金,并且有许多余钱来发放票据贴现贷款。”

理查森先生是唯一一个既为票据寻找资金又为资金寻找票据的经纪商,他被进一步问道:

“你为自己贴现的票据提供担保吗,你收取多少百分比的费用?——不,我们不提供担保,我们对贴现的票据收取 0.125% 的佣金,但是我们不向贷款人收费。

“你把佣金看作是你在选择所贴现票据上运用的技能的一种报酬吗?——是的,是选择票据、书写信件和其他工作的一种报酬。

“提供资金的当事人给你任何报酬吗?——不,一点也没有。

“资金提供者会认为你并不是他的代理人,而且要在某种程度上为你提供给他的票据的安全性负责吗?——完全不是这样。

“你之后会判别票据可能的安全性吗?——是的,如果我们认为我们收到的票据不安全,我们将会把它退回去。

“你们是否会因为你们要完成大量的业务而认为自己主要依靠贷款方的支持?——是的,非常依靠他们。如果我们管理好自己的业务,我们就能留住我们的朋友;反之,我们就会失去他们。”

尽管票据所有者支付费用,但资金所有者不支付费用,这是理所当然的事。因为几乎在所有的年代,借款人都或多或少是一个急切的资金寻求者,他始终准备着为那些替自己寻找到所需资金的人支付费用；但是资金拥有者很少愿意支付任何东西，他通常有充分理由相信借款人很快会发现他。

尽管发生了其他改变，但是票据经纪商的客户仍然如理查森先生六十年前描述的那样，广泛分布于乡村的不同地区。在大多数情况下，农业郡所用资金少于他们所存资金，而制造业郡所用资金多于他们所存资金。因而，诺福克郡或索美塞特夏郡的资金就存在伦敦票据经纪商那里，他们用这笔资金来贴现兰开夏郡和约克郡的票据。

理查森先生所描述的旧时票据经纪业的做法现在依然存在。在伦巴第街周围依然能够看到许多经纪商，他们希望贴现手中的票据但不提供担保。他们有时用自有资本贴现这些票据，如果他们能以稍低一点的利率进行转贴现，他们就能赚取起初看起来微不足道但却令他们相当满意的利差。因为这种先贷出后借入的体系能让他们快速周转资金，并且用几千英镑的资本去贴现数万英镑的票据。由于交易量非常大，他们能对每笔交易的较小利润感到满意。在其他情况下，这些不提供担保的经纪商只是为其所承担的贴现票据寻找资金的代理人。但是不管在哪一种情况下，只要涉及银行家或其他最终资本家，其交易基本上还是理查森所描述的那样。由这样的银行家所提供的贷款是对票据的转贴现；除非票据到期兑付，否则那个银行家就不能收回贷款。他对给他带来票据的代理人也没有索赔权。我们可以将其称为古老形式的票据经纪业，它仅仅是银行家获得他们可承兑的票据和进行转贴现的众多模式之一。在这种交易中并没有提及票据经纪商的信用。正在贴现的票据无论是来自乞丐还是来自百万富翁，他们对票据

经纪商都同样“没有追索权”。贷款人须自己判断票据的品质。

但是在现代票据经纪业，票据经纪商的信用是一个至关重要的因素。贷款人认为票据经纪商——无论是个人、公司还是合伙制企业——有可观的财富，而他接受这些“票据”是因为他相信除非票据经纪商认为这些票据品质良好，否则他们不会冒险用自己的财富去为它们做担保。贷款人还认为，票据经纪商每天与票据打交道并且只与票据打交道，因而他们很可能知道关于票据的一切。贷款人提供贷款部分是因为相信经纪商的财富，部分是因为相信经纪商的技能。他对存放在自己这里的票据基本不用很多自己的判断力——通常他不会非常密切地关注这些票据。很可能由奥弗伦—格尼公司担保的债权人中，曾指望依靠这一担保或真正给予它许多关注的人不到千分之一。事实上，有时对票据经纪商的信任有点过头。有相当多的人借钱给他们，不仅没有仔细关注他们的担保，而且甚至没有接受任何担保。这恰好是理查森先生于1810年所描述的做法的对立面：彼时，贷款人完全信赖票据的品质。而此时，在这些特殊情形下，他们只信赖票据经纪商，而不收取任何的票据抵押品。没有什么比这一变化更加自然或更加不可避免。可以肯定的是，由于票据经纪商被假定为很了解票据，贷款人会要求票据经纪商通过为这些票据提供担保来证明他们对自己提供的票据的信任。同样十分正常的是，票据经纪商通过不断从事这一赚钱的生意而获得了较高的地位并赚取了大量的财富，他们至少也应该成为银行家，并且应该在没有提供任何抵押品的情况下吸收存款。

但是，这一变化的效果已变得非常显著。在理查森先生所描

述的做法中，没有什么可能会影响货币市场的特性。票据经纪商为银行家带来票据，就和其他人为它们带来票据一样。对此，除了英格兰银行禁止贴现劣质票据、禁止贴现太多的票据以及必须持有充足的准备金以外，并没有什么可说的。但是现代的做法引来了更复杂的思考。在票据经纪业存在一个大难题（目前就存在）：票据经纪商必须为他收到的所有资金支付利息。我们刚刚已经见证了这是如何发生的。目前，票据经纪商的贷款人总是习惯于先贴现票据，这实际上就是说他始终作为一个收取利息的贷款人。当他开始得到经纪商的担保，并仅仅把票据看成一个附带的抵押品时，他自然不会放弃他的利息，更不用说当他不再收取抵押品时，他不会放弃利息了。票据经纪商必须以一种形式或其他形式对他留下的每六便士支付利息，而且这种支付利息的固定习俗有一个严重后果：票据经纪商承担不起持有许多未用资金的后果。由于他所筹集的大量资金需要偿还，因此票据经纪商变成了一个银行家，但是他又不能像银行家那样持有那么多资金，或者他几乎不能像银行家那样持有许多现金，因为利息损失将使他破产。竞争降低了票据经纪商能够收取的利率，而抬高了票据经纪商必须支付的利率，因而他们必须靠极其有限的利差生存。如果他不断持有大量无收益的资金，那他很快就会出现在“公报”（Gazette）上了。

由于票据经纪商的大部分资金是别人存放在他们那里的，所以付款期限加剧了这一困难。存放于他们那里的很多资金都是即期付款的，或者是在很短时间内通知即付的。在恐慌时期对票据经纪商的付款要求可能会非常多，在实际中也是经常如此。恐慌期间，要求他们付款的人即使不是蜂拥而至，也会是人数众多。而由于他们业务的基本特征，他们又不能以实际的现金形式自己长期持有大量未用的准备金，因此他们被迫要向拥有现金的人寻求帮助。鉴于他们业务的条件，票据经纪商不得不隶属于“依赖资金的交易商”这一阶层。正如这一术语所描述的那样，票据经纪商不持有自己的准备金，因此在每次危机时都难以归还其他人的资金。

在银行业的自然状态中，所有主要的银行都持有自己的准备金，而票据经纪商和其他附属性经纪商的需求是其准备金的主要需求之一。在每次恐慌的初始阶段，这些准备金的持有者都会认识到，支持这些附属性经纪商对他们来说是非常重要的。如果恐慌毁掉了这些经纪商，那么它就会因此而加剧（正如恐慌的本质所体现的），而它也很有可能毁掉银行家以及准备金持有者。在这样的时期，公众的恐惧是不分青红皂白的。当一个信用良好的家族破产了，其他具有同等信用的家族，尽管其本质不同，也会处于破产的危险中。处于银行业的正常体系中的许多储备银行有义务从准备金中发放贷款来支援票据经纪商和类似的经纪商。对他们的自我保护来说，不让这些经纪商破产是至关重要的，因此对这类经纪商的保护应该被看作是他们保有这一准备金的必要目的之一。

在这样的银行体系中对票据经纪商的资金需求并非极难应对。毫无疑问，有大量的资金从他们那里取走，但是没有特殊的理由认为对他们的资金需求就多于对其他资金交易者的需求。他们会和持有准备金的银行家共同应对恐慌，但是他们不会比银行家更能感受到恐慌。在每次危机中，危机的严重程度是由引起它的因素决定的，但是根据票据经纪业的本质，没有什么会特别让票据经纪商们提前吸引恐慌，他们并不会比其他人遭受更大的损失；唯一的不同是，当真的发生恐慌时，他们自己没有充足的准备金，因而他们不得不寻求其他人的帮助。

但是在单一准备金的银行体系中，票据经纪商的位置要更加特殊和更不稳定。事实上，在伦巴第街，票据经纪商的主要存款人是银行——不是伦敦的银行，就是英格兰、苏格兰或爱尔兰乡村地区的银行。实际上，这类存款是这些银行的一部分准备金，并且是它们应对恐慌时所能提供和储备的一部分重要资金。因此，在每次恐慌时，这些资金肯定要从票据经纪商那里收回。在恐慌时期，资金所有者需要这些资金，所以他们要从银行取走这些资金。在1857年的恐慌之后，奥尔德曼·所罗门斯代表伦敦威斯敏斯特银行对委员会说："或许有必要知道，在11月11日，我们为经纪商贴现了多达5,623,000英镑的票据。在这些票据之中，有2,800,000英镑于11月11日到12月4日到期，有超过2,000,000英镑在12月11日到12月31日到期。因此，仅仅为了到期的汇票，我们就为可能对我们的任何资金需求做好了准备。"这实际上并不是存款资金的直接收回，但它的主要效果是完全相同的。在恐慌初期，伦敦威斯敏斯特银行借给票据经纪商的资金要比末期借给他们的多出5,000,000英镑，而银行已经把这5,000,000英镑添加到它应对困难时期的准备金之中了。

因此，我们独特的银行体系使得对票据经纪商的需求强度加大了。他们业务的本质使得正当他们不得不求助于银行的准备金以获得必要支持时，银行却为了增加准备金而从他们那里取走了大量资金。正当他们最无力承受压力的时刻，一个巨大的额外压力却抛向了他们;而将压力抛向票据经纪商的却是在银行业的正常体系下不应加剧他们的压力而应缓解这一压力的人。

票据经纪业务的利润成比例地增加了。由此存于票据经纪商那里的银行准备金形成了其最具赢利性的一部分业务;整体而言,这些准备金的数额非常大,除了恐慌时期以外,在所有时期它们都相当值得依靠。各家银行相当肯定地把准备金存在票据经纪商那里,仅仅是因为它们必须持有一个准备金,而且它们认为票据经纪商那里是保存准备金的最佳地点之一。在一个更正常的体系中,不会有任何银行的准备金存放在经纪商那里。银行只应该将它们的额外资金存放在经纪商那里,这些资金应该是它们认为可以安全贷出,且在恐慌期间并不需要的。在银行眼中,存于经纪商那里的资金是现金投资的一种,而非额外资金的一部分。我们当前的体系增加了票据经纪商的存款和票据经纪业务的利润,正如它也同比例地增加了恐慌期间票据经纪商的危险一样。

同时,由票据经纪商的需求所引起的对银行准备金的压力比它在正常体系下更加危险,因为这一准备金本身就很少。由单独一家银行持有全部最终储备的体系,无疑会减少它所持有的准备金数量。恰恰是由于这一点,对这一准备金的任何特殊需求所产生的危险都扩大了,因为这种需求所依赖的准备金的数量减少了。因此我们的单一银行储备体系结合了两大危害:第一,它使得经纪商对最终储备的需求变得更大,因为在这一体系下,如此之多的银行从经纪商那里取走了如此之多的资金;第二,它使得最终储备减少到它的最小值,而且使得整个信用体系变得更加脆弱、更加敏感。

事实上，在这一方面，单一储备效果的特殊性甚至更大。在正常体系下，票据经纪商无论如何也不可能成为持有最后准备金的银行家们的竞争对手。他们更愿意成为这些银行的代理人，为他们贷出票据经纪商们自己并不喜欢的或者是他们感到并不足够安全的证券抵押贷款。银行在恐慌时期不得不帮助票据经纪商们，但是在平常时期却可以从他们那里得到很多好处。而在我们的现行体系下，所有这些都颠倒过来了。英格兰银行从不在票据经纪商那里存放任何资金；在平常时期，它也从来没有从他们那里得到任何好处。另一方面，由于英格兰银行可以自己开展大量贴现业务，它认为自己就足可以发放所有种类票据的贷款，所以票据经纪商是它非常可怕的竞争对手。他们不断以高利率筹集资金，并以低于英格兰银行的价格贷出资金，在平常时期他们的确是这样做的。但是，由于英格兰银行是唯一持有最后准备金的银行，所以在必要时，票据经纪商不得不求助于这一最后准备金。因而在每次恐慌时期，加之由于货币市场的基本构架，英格兰银行必须帮助这些经纪商，并维持他们的存在；而反过来票据经纪商在任何时期都不会帮助英格兰银行，在平常时期还是它最直接、最尖锐的竞争对手。

可以预见，这样的一种状态在英格兰银行会引起诸多不满，而事实上，关于这一点已有过很多讨论，亦有许多反对意见，在 1857 年的恐慌之后尤为严重。在那次恐慌期间，英格兰银行贷给票据经纪商们超过 9,000,000 英镑的贷款，但是他们贷给银行们的贷款，无论是伦敦的还是乡村的银行，却只有 8,000,000 英镑。自然地，英格兰银行认为它的竞争对手对它财力的侵袭如此之大，是不合理的。结果在1858年，英格兰银行出台了一项规定，即它只在每年公众在英格兰银行的存款特别多的某些季节里向票据经纪商提供贷款，而在其他时期，任何贷款申请都会被另外考虑，并酌情处理。这一规定的官方陈述是旨在“让他们保有自己的准备金，而不是依靠英格兰银行”。正如可以预想的那样，这项规定在经纪商们那里极其不受欢迎，最大的经纪商奥弗伦—格尼公司决意采取一种出乎意料的策略以使这一规定失效。他们认为自己能够使英格兰银行害怕，并且能够表明如果说他们依靠英格兰银行，英格兰银行也同样依靠他们。他们在英格兰银行积累了多达3,000,000英镑的存款，然后立刻全部取走了这些存款。但是这一举措除了引起奥弗伦公司的失信以外毫无效果——英格兰银行的信用毫发无损。不久之后，奥弗伦公司不得不把钱又存回英格兰银行，并对他们徒劳地尝试去攻击每个人信用的坚实基础和每个人都不喜欢他们这样做而感到不满意。不过，尽管这一打错算盘的尝试罪有应得地失败了，但这项规定本身也未能维持下去。事实上，在每一个充满压力的时期，英格兰银行都确实向票据经纪商提供了贷款；虽然情况可以被看作是“例外的”，但是如果票据经纪商提供的抵押证券确实优质，英格兰银行会始终为他们提供贷款。不管英格兰银行有多么不喜欢救助它的竞争对手，它都必须要救助他们。在每次危机时，英格兰银行都会感觉到，如果它拒绝这样做，将只会加剧初期的贷款需求，并加重自身可能的压力。

也许有人会问我，这一反常现象是否不可避免；恐怕为了实际中的目标我们必须认为它是不可避免的。它可能会减弱。票据经纪商们可以并且应该尽可能地不鼓励即期存款，而是鼓励较长期限的定期存款或提前较长时间通知付款的存款。这将弱化这一反常现象,但不会消除它。实际上,票据经纪商不可能拒绝接受通知即付的存款。在每一个市场上,一个交易商必须根据市场惯例来经营自己的业务,否则他将彻底无法营业。票据经纪商能做的全部就是为更长期限的存款提供更高的利率,而这就是他们目前正在做的(尽管可能不会达到所期望的那样)。从本质上来讲,我认为这一反常现象是历史传承给我们的银行体系中的一个必然部分,我们所能做的就是对其进行充分利用,因为我们不能改变它。

第十二章 英格兰银行调节其准备金总额的原则

一种普遍的观点认为，英格兰银行应持有的准备金总额能立即从其每周的资产负债表中得出。可以设想，如果只承担银行部的负债，那么英格兰银行应持有的准备金总额达到其负债的1/3或某个其他固定比例就能够应对所有情况下的负债。但是对于这一点，存在几种反对意见，其中的一些源于银行业的一般特征，另一些源于英格兰银行的特殊地位。

决定一家银行准备金总额的主要因素就是其负债总额，这显然是正确的；然而，认为它是决定准备金总额的唯一因素就显然是错误的。我们必须要考虑这些负债的固有性质，但同时也要考虑其数值特征。例如，没有人会说应该持有相同总额的准备金来应对定期兑付的承兑汇票和可以随时提取的存款。如果一家银行在其资产负债表中将这些负债合计在一起，你将无法说出它应持有的准备金总额是多少。必要的信息并未给你。

你也不能确切地决定为应对存款而应持有的必要准备金总额，除非你对这些存款的性质有所了解。如果在3,000,000英镑的存款当中，一个存款人存入了1,000,000英镑，并且他会在需要时提现，那么为应对这1,000,000英镑的负债所必需的准备金就要远多于为应对剩余2,000,000英镑的负债所必需的准备金。可以这么说，负债的强度越大，应存储的准备金也就必须越多。另一方面，假设这类存款人的行为可预测(假设它是一个公共机构，其资金需求时间和资金收入时间都是已知的)，那么这一单一负债所需的准备金就要少于同等数额的普通负债所需的准备金。因其提款要求的风险非常小，所以为应对它所需的保障就少得多。除非同时考虑了负债的性质及其数量特征，否则就不能决定为偿还它们所需的足够准备金数额。

对所有银行来说，这些都是一般原则，而且它们尤其适用于英格兰银行。它最基本的应用就有利于英格兰银行，因为它表明了英格兰银行的一项主要负债的风险要比它看起来的样子小得多。英格兰银行最大的账户就是英国政府的财产。在和平时期，很可能没有任何账户能像它一样容易计算的了。所有和英国的收入、支出有关的重要事实都清晰明了。除战争时期以外，这一账户的进出总额都能被相当精确地计算。无疑，在战争时期，这都将完全不同。处于战争中的政府账户很可能是所有账户中最不确定的，尤其是像英国这样分散的帝国。在战争时期，它支出的地方是如此之多和如此遥远，因而，它的支出总额非常不易计算。然而，在平时，没有账户能像英国政府账户那样容易预测，因而在平时也没有账户需要如此少的准备金。它的主要支出对银行来说也是最令其感到满意的那种，在很大程度上，这些支出转入银行的另一个账户。政府平时的最大支出就是债务利息，而这些债息主要转入作为政府代理人的银行。因此，政府债息的支出绝大部分是从政府账户转移到各家银行的账户。无疑，一定数量的资金几乎立即支

付给了非银行阶层,支付给了那些在任何银行都没有账户,而是自己在家中持有铸币和纸币的人。就连这一数额都是可以计算的,因为它几乎总是不变。对于那些能够观察它的人来说,一次又一次的整个操作过程是不变的。

但需要重点注意的是,英格兰银行的公开账目并没有给出能够使公众自己做出计算的这类信息。我们正在谈论的是英国政府的年度账户——我们可以把它叫作预算账户(Budget Account),也就是资金收支的账户。正如我们所表明的那样,这一规律已经为人所知。但是在英格兰银行的"公众存款"账户之下,还包含其他账户,特别是印度部的账户,它的规律必然不同于其他账户,并且完全不为人知。印度部的账户上有大量贷款。如果有谁提议将支配这个账户的权力给予财政大臣,那将会引起巨大的担忧和强烈抗议。但是这相当程度上取决于惯例和传统,以致位于唐宁街一侧的印度办公室能够在不招致批评且还得到一致赞同的情况下去做一些事,而如果提议另一侧的财政大臣办公室去做这些事将会被认为是不可靠的和荒谬的。现在的印度办公室是从之前的东印度公司董事会继承来的这一独立性。之前的东印度公司董事会是营利性和商业化的,通常按其意愿而将自己的资金投入股票交易所;它的继任者印度委员会保留了这一权力。没有什么能比它被允许按其喜好来行事更好的了,但是将一个拥有这样的权力且从印度取得资金的机构账户与本国政府的账户混在一起显然使得公众无法只根据其对国内金融的了解来对这一混合账户的业务过程得出论断。英格兰银行的"公众存款"账户还包括其他账户,如储蓄银行余额、大法官法庭基金账户和其他账户;因此,直到最近,

公众仍然对严格意义上的政府账户的实际变化所知甚少。但是最近，洛先生向我们披露了一份账目周报，从这一账目而不是英格兰银行的账目中，我们能够做出判断。遗憾的是，这一账目和英格兰银行的报表却是在不同日期出具的。但除此以外，我们的了解还是很全面的。正如它所呈现的那样，我们所知的几乎所有目的都是充分合理的。现在我们几乎能够如它可能被计算的那样去计算政府账户的业务过程了。

正如我们已经说的那样，目前对英格兰银行报表的分析非常有利于英格兰银行自身。通常为应对政府账户，英格兰银行不需要持有非常多的准备金，就好像它是一个普通账户一样。我们对它变化的规律特别了解：我们能够非常精确地说出它的主要变化会在什么时候发生；并且我们知道在这些变化中，政府支出的大部分都只是支付给了英格兰银行的其他存款人，所以，它实际上还在英格兰银行之中，只不过是在另一个账户名下。如果我们注意英格兰银行的私人存款，第一眼我们也许会认为其结果是相同的。这些存款中最重要的部分就是“银行存款”；并且在很大程度上，这些存款作为一个整体是很少变化的。我们将会假设，每一家银行都会尽可能少地持有存款，但是在所有的国内交易中，实际上就是从一家银行付款到另一家银行。全国所有最重要的交易都通过支票结算；这些支票都付给票据交换所，并且从这些交易中产生的差额通过这些银行在英格兰银行的账户之间的转账来结算。因此，银行余额的支出和收入是一致的。总而言之，这些银行在英格兰银行的存款余额乍看起来似乎是相当稳定的。

事实上，可以说它们看起来比稳定还要好。当其他存款趋向

于减少时，这些存款就会增加。在恐慌时，当其他所有存款都有可能被取走时，银行存款却会增加。实际上在1866年的确如此，不过我们不知道详情，但它们也理所当然地应该这样增加。在这样的时刻，所有的银行都极其担忧，它们会尽其所能地通过各种方式来增强自身实力。它们会尽可能多地拥有随时可用的资金；尽量增加它们的准备金，并把它放在英格兰银行。一种在平时不易变化而在危机时可能会增加的存款似乎可以说是存款的典范。它似乎说明，不仅这一存款的很大比例可以贷出去，整个存款也许都可以贷出去。但是正如我相信的那样，进一步的分析将会表明这一结论是完全错误的。银行存款是一种异常危险的负债形式；在处理它们时最应谨慎小心；一般来说，它们的贷出比例要小于普通存款的贷出比例。

解释任何事的最简单方式通常就是通过一个实际例子来说明。幸运的是，在这一问题上，我手头就有一个非常明显的例子。最近德国政府从我国取走了大量黄金，根据它的选择，部分取自英格兰银行，部分不是。它的行动大体上是相当细致、周全的。它并没有从英格兰银行取走它能够取走的那么多黄金，或者多到会产生危险的地步。但它仍然从英格兰银行取走了大量黄金，并且它本可以很容易地取走更多。那么德国政府是如何获得对英格兰银行如此之大的权力的呢？答案是，它通过银行存款余额获得了这一权力，其运作方式有两种。

第一，德国政府在一家特殊的股份制银行拥有大量存款。这家银行自行裁度将这笔存款贷给票据经纪商和其他人，它在伦敦市场的普通基金中形成了一个单独的项目。除了它属于一个外国政府，以及其所有者可能随时会将它收回并且有时也的确这样做了以外，它并无特别之处。只要它存于伦敦股份制银行中而未被贷出，它就会增加伦敦股份制银行在英格兰银行的存款余额。但是它一旦被贷出，比如贷给一个票据经纪商，那么它就增加了这个票据经纪商的存款余额；而且只要这个票据经纪商将它用于贴现票据，那么这些票据的所有者会把所得款项存入其各自的开户银行，这增加了这些银行在英格兰银行的存款余额。当然，如果它被用于贴现外国人的票据，这笔资金就可能会被带到国外，通过类似的操作它也可能会被转移到英格兰乡村或苏格兰。但是，一般来说，当这笔资金存于伦敦时，它就会在相当长的时间内留在伦敦；那么只要如此，它就会扩大银行机构在英格兰银行的总存款余额。现在它不是在一家银行就是在另一家银行的存款余额当中，但它始终分散在这些存款余额中的某处。明显的结果是，当德国政府选择取回它时，这一部分银行存款余额受德国政府支配。那么，假设其总额为300万或400万——我认为在过去一两年，即使不是更多，它也不止一次地达到了这一数额——且这笔资金可能会立即被从英格兰银行取走。在这种情况下，英格兰银行就处于为单个客户承担数额巨大的存款负责的位置上，除此之外，所承担的责任还是未知数额。众所周知，德国政府在伦敦股份制银行拥有一个账户（它肯定是一个极具价值的账户），但是英格兰银行无法进入德国政府在伦敦股份制银行的账户，它无法知道存于那里的德国资金有多少。英格兰银行也无法从伦敦股份制银行在它那里的存款余额推断出这一数额，因为德国资金很可能以不同数额存入了伦敦股份制银行，而且又以其他不同数额贷出。它可能在某种

程度上增加了伦敦股份制银行在英格兰银行的存款余额，也可能没有，但它肯定不会令这一存款余额增加很多。对伦敦股份制银行存款余额的审查甚至也不能使英格兰银行大致确定德国政府随时可能从它那里取走的存款总额。总的来说，这一审查得不出任何确定的结论。可能会从它们中推断出一些事情，但不会是任何确定的事情。毫无疑问，这些存款余额处于不断波动的状态。在德国资金流入而其他资金流出的期间，很可能如此。伦敦股份制银行存款余额的任何突然增加都可能暗示着新的外国资金流入；但是新的外国资金也可能在不造成任何增加的情况下流入，因为一些其他同时发生的因素可能会产生存款余额减少的效果。

这是第一种方式，也是德国政府能够且确实从我国取走资金的最容易方式。如果德国政府愿意，它可能已通过这种方式削弱了英格兰银行。德国政府在我国有资金，然后将其取走，这是非常容易理解的事情。但是德国政府还有一种更为强大的权力、一种更为复杂的权力。它是英国许多债务的债权人。法国支付给德国的很大一部分“赔款”就以汇票形式存于英格兰，当这些汇票到期以后，德国政府就对英格兰市场拥有了空前的控制权。当每一张汇票到期时，如果它愿意，它可以将所收款项带到国外。它可以通过输出黄金的方式做到这一点，因为出于铸币目的，它想要黄金。最初这自然会减少伦敦股份制银行的存款余额，至少趋向于此。假设德国政府持有一种优质汇票A。一个能够承兑这一汇票的银行将要兑付它，这将减少这家银行的存款余额。而且由于如此支付的这笔资金将会进入德国，它也不会出现在其他任何一家银行的贷方余额上，因此银行总的存款余额将会减少。但是这一减少不是永久的。这家必须支付100,000英镑的银行承受不起它在英格兰银行的存款余额减少100,000英镑。假设它的负债是2,000,000英镑,并且通常它认为将这些负债的1/10或者说200,000英镑存在英格兰银行是必要的,支付的100,000英镑将会使它的准备金减少至100,000英镑。但是它的负债仍然是1,900,000英镑,因而,为了保持它在英格兰银行的1/10负债,它需要再找90,000英镑。它寻找的过程是这样的:比如说,它会收回票据经纪商的一项贷款;如果票据经纪商没有同时入账相同数额的额外资金(在外国资金大量撤走的情况下是不太可能入账这么多资金的),他们就必须减少自己的业务并缩减贴现票据。但这样做的后果就是将额外的业务抛给了英格兰银行。它持有全国的最后准备金,如果其他人都不愿意,那它就必须贴现这些票据——如果它拒绝这样做就会引起恐慌和信用崩塌。所以,一旦德国资金的撤回减少了银行存款余额,就会出现对英格兰银行新的贴现需求以补足这些存款余额。英格兰银行的资金外流有双重后果:第一,德国资金的流出减少了准备金,这削减了英格兰银行的财力;第二,英格兰银行必须用这些削减了的资金发放更多贷款。

相同的结果也许比这更容易发生。假设任何外国政府或个人拥有能够在市场上抵押的任何一种证券,这一业务使得它或他可以从某个银行获得一笔贷款,并使其能够从英格兰银行的准备金和银行存款余额中取走资金。为了避免银行存款余额达到其不可避免的最小值,英格兰银行必须发放贷款。对我国的任何突然提款需求都会与其规模成比例地导致这种特殊效果。我认为这就是英格兰银行应该非常谨慎、细致地处理放在它那里的银行存款的原因。这种银行存款是一种无限负债的象征：如我们所见，借助于它们，一笔大到无法确定其极限的资金可能会被从英格兰银行取走。由于英格兰银行要贷出资金以使银行存款余额维持在通常水平，并且由于外国人能够借助这一通常水平而从我们这里取得贷款，所以不可能为通过银行存款余额而向英格兰银行提出的贷款需求确定一个上限（我们用这一科学术语来表达）。

上述结果就变成了本书所说明的基本观点：由于历史长期的影响，英格兰银行持有我国的最后准备金。不管国家要从这一储备中支出多少现金，英格兰银行都必须支付。并且由于它是银行的银行，所以英格兰银行才不得不支付。正因为如此，英格兰银行才成为了最后准备金的持有者。

有些人已经对这类思考产生了如此深刻的印象，以致他们主张英格兰银行根本不应该贷出“银行存款余额”，而应保持其原封不动，并作为一项不使用存款。事实上，我不确定我已在报纸中看到了这种极端观点，但是我经常从伦巴第街中非常有影响力且有资格做出评判的人士中听到这一观点，甚至在报纸中看到了近似于此的观点。但是我认为主张这种“严格且彻底”的规则将是非常危险的；在非常重要且易变的业务中，这种严格的规则通常会带来危险。正如已经说过的那样，在恐慌中，银行存款余额会急剧扩张。英格兰银行必须贷出因此而充盈的资金，这是正确的做法。银行会从票据经纪商那里收回它的资金，不再为他们转贴现，或者以证券作为抵押来借款，或者卖出证券——通过一种或多种这类方式，银行会引起新的资金需求。在这样的时期，这种新的资金需求只能由英格兰银行来满足。并且，人人都需要资金。但是，即便没有探究在恐慌时期这种增加的起因，实际上银行存款的总额也在快速增加。在这样的时刻，银行通常会把大量的未用资金存入英格兰银行。因而，没有什么能比禁止英格兰银行贷出资金会更确定无疑地加剧恐慌的了。正当资金紧缺时，你恰好有一类特殊的巨额资金，此时，你就应该尽快地将其贷出，因为心甘情愿的贷款会治愈恐慌，而不贷款或吝啬的贷款会加剧恐慌。

在其他时期，特别是在每季度支付利息的时候，主张银行存款余额绝不该被贷出的这种绝对规则将会带来重大麻烦。此时，一笔大额资金从政府余额进入银行余额。如果当它仍然在政府手中时你允许英格兰银行将其贷出，而当它进入银行手中时禁止将其贷出，其结果便是资金价值的大幅上扬，因为非常重要的一部分资金将突然失效。

但是，银行存款余额绝不应该被贷出的观点仅仅是这些存款余额应该加以谨慎使用这一真正原理的自然夸大；因为银行存款余额承担着一份极其巨大且异常难以预测的负债，所以它们绝不应该像一份普通存款那样被使用。

由上面所说的就可以推断出，总存在对英格兰银行可能的巨额贷款需求，而这根本不能反映在银行部的账户上。当账户上表明的负债最小时，可能这些贷款需求是最大的；而当账户上的这些负债最大时，可能这些贷款需求是最小的。例如，如果德国政府把汇票或其他优质证券带进英国市场，用它们获取资金，并以黄金形式将资金从英国市场撤出，那么只要德国政府愿意，这笔资金可能会被从英格兰银行全部取走。如果德国政府的需求迫切，并且“到达”的黄金量——从产出国运到英国的黄金量——又很少，那么就要从英格兰银行支取黄金，因为英国没有其他大的黄金储备地。德国政府只是一个最近恰好控制了异常多的优质证券且持续希望在英国使用它们的外国政府的显著例子。自此之后每一个需要现金的外国政府都有可能来到英国寻求资金；只要法兰西银行继续不用铸币支付，需要它的外国政府就必然会到伦敦来寻求它。但是在英格兰银行的账簿上不会发现关于这一需求发生与否的任何迹象。

英格兰银行政策的改革几乎必须要遵循下述原则：当前不应主张将英格兰银行负债的任何确定或固定比例作为其准备金。将其负债的 1/3 或任何其他这类比例作为准备金都足以应对所有情况的旧观念必须被抛弃。对英格兰银行可能的资金需求量是如此地变幻莫测，而且通过账户数据披露的信息如此之少，因而任何简单、容易的计算都不足以作为（确定准备金数额的）指导。对于英格兰银行的准备金来说，其负债的一个明确比例有时太少，有时又太多。敌人的力量始终在变，我们的防御不能一成不变。

我承认这个结论实施起来非常麻烦。在过去，能够通过对其账户的简单审查而决定英格兰银行的适当政策，这为英格兰银行和公众都提供了莫大的帮助。通过这种方式，英格兰银行可以很容易地知道去做什么，公众也可以很容易地知道去预测什么。但不幸的是，这一最简单的规则并不总是最值得依靠的规则。生活中的实际困难往往不能通过简单的规则来解决；这些危险是复杂且繁多的，应对它们的规则不可能是非常单一或简单的。用一种疗法去治疗多种疾病通常会以害死病人而告终。

管理英格兰银行的另一个经常被主张的简单原则现在也必须

被抛弃。前文已述，英格兰银行应该注意市场利率，并遵照它确定自己的利率。实际上，这一原则一直都是错误的。英格兰银行的首要职责是保护我国的最后准备金，并通过提高利率来保护它。但是这条原则从未像现在这样如此错误，因为之前对这一准备金的意外需求的数量从未如此巨大。伦巴第街的市场利率并不受这些需求的影响。它是由票据经纪商和银行家手中的存款总额以及当时的优质票据和可承兑证券的总额所决定的。英格兰银行可能的黄金输出几乎对它没有影响，甚至实际的流出对它也是影响甚微。如果这一开放市场不认为英格兰银行会随着黄金输出而调整其利率，那么市场利率就不会升高。如果英格兰银行选择忽视其黄金流出，并被认为这种选择仍将继续，那么伦巴第街中的货币价值将保持不变。对英格兰银行的黄金需求越多，并且这一需求的规模越容易变化，英格兰银行的贴现率应与市场利率保持一致的原则就越是危险的。在之前的平稳时期，这条原则的影响或其局部影响就已造成了重大灾难。在当前的困难时期，坚守这项原则就是选择一个制造大规模恐慌的处方。

在我们能够确定英格兰银行应该持有的准备金数量之前，对于抽象原则我们必须采取一种更加清晰的观点。为什么银行应该持有准备金？因为它可能会在某一时刻被立即用于偿付某一债务。为什么银行要公布账目？为了使公众对其拥有的现金（或可用证券）足以偿还债务而感到满意。英格兰银行银行部公布账目的目的是让国民看到国家的现金储备处于何种状况，并让公众确信我们有足够甚至更多的现金储备来应对不仅是所有可能的还款要求，而且能够应对由合理的担忧而引起的所有还款要求。毫无疑问，英格兰银行账目的公布给货币市场带来的稳定性要高于其他任何预防措施所能带来的稳定性。事实上，一些人担心会发生相反的结果——他们担心经常公布准备金的持续变化会使公众感到恐慌和烦恼。一位老银行家有一次告诉我说："先生，我曾是决定是否公布英格兰银行账目的奥尔索普勋爵(Lord Althorp)委员会的一员，我对此还投过反对票。我认为公布账目会使人们感到恐惧。但是我现在可以肯定，当时委员会是正确的而我是错误的，因为公布账目能比当时的任何其他事情都更能给货币市场带来安全感。"英格兰银行公布其账目和准备金的目的就是要让伦巴第街和整个世界对它充满信心。

但是，如果由此公布的准备金总额并不足以令公众放心，那么这一目的就无法实现。无论出于什么原因，如果准备金极其地少，必然会造成恐慌。任何时刻的准备金都要有某一个最小值，我把它叫作"恐慌临界值"(apprehension minimum)，低于这一最小值，准备金的减少将会伴随着扩散担忧的巨大风险——我的意思是这并非绝对的恐慌，而是一种朦胧的担忧和害怕，犹如施了魔法一般，自动而迅速地在公众中扩散。这种初始阶段的恐慌是极其危险的，因为它会引起令人畏惧的灾难。在这种敏感时期，最令人担心的就是信用的破坏。在这一时期如果发生任何重大的破产或糟糕事件，公众就会由它而产生联想，从而谣言四起，导致信用缺失。因而，英格兰银行的准备金绝不应该减少至"恐慌临界值"以下。这就等于说，它绝不应该非常接近这个临界值；因为，如果它接近这个临界值，那么一些意外事件就可能会很容易地使它降至临界值以下，从而导致可怕的灾难。

没有什么捷径能帮助我们确定这个“恐慌临界值”。没有抽象的论证、没有数学上的计算能告诉我们它是多少，我们也不能指望它们会告诉我们。信用是一种由环境所产生且随之而变化的评价。在任何特殊时期，信用的状况都只是像其他物质事实一样被确定，也只能通过试验和调查来认识。同样，只有经验能告诉我们多少准备金能够营造广泛的信任；在这一问题上，除了不断地关注公众的心理，以及在每一个关键时刻它是如何被影响的之外，再无其他得出合理结论的方式。

当然，在这一问题上应该遵循的基本原则是，准备金过多的错误无伤大雅，而准备金过少的错误却是毁灭性的。太多的准备金只是意味着利润的微小损失，而太少的准备金则可能意味着毁灭。信用可能会立即动摇，而且如果恰好随之发生了一些令人担忧的意外事件，那么就会像在1857年和1866年那样，人们纷纷向英格兰银行银行部过度挤兑，并像在那两年中一样，使得它只有在得到援助的情况下才能支付资金。

遵守这一原则更为必要，因为“恐慌临界值”并非一成不变。恰恰相反，在公众近期注意到英格兰银行面临异常需求的时候，他们很可能会预期这样的需求将再次来临。可以说，近期发生的引人注意的事件教育了公众。当最近经常有大量需求的时候，公众就会预期还会有大量的需求；而通常需求很小的时候，公众就会预期未来的需求也会很小。因此，一家类似于英格兰银行的银行必须始终注意“恐慌临界值”的上升。它必须提供不仅能够减轻今天的担忧，而且能够减轻明天可能更加严重的担忧的充足准备金。实现这一目标的唯一可行方式就是始终持有超过“恐慌临界值”的实际准备金。

这涉及更多的事情。由于实际准备金绝不能太少，如果可能，要始终多于“恐慌临界值”，所以当英格兰银行平安无事且没有采取很多预防措施的时候，它必须超过“恐慌临界值”。英格兰银行所有的预防措施发挥效力都需要一定时间。主要的预防措施就是提高贴现率，这种提高肯定会比预期更快地从欧洲大陆和全世界吸收资金。但是它不会立即发挥作用。即使是合适的、最具吸引力的贴现率，在能将资金吸引来之前也需要一个间隔期发挥作用，而且发现这一合适的贴现率也需要一段时间。正如“移动”(move)这一术语所表达的那样，在达到真正有效的贴现率之前，英格兰银行需要数次提高贴现率，但与此同时，黄金会流失、准备金会减少。因而，除非在英格兰银行没有采取预防措施的时候，实际准备金超过“恐慌临界值”的数量足够用于不可避免的间隔期和可用的预防措施生效之前的这段时期，否则所规定的原则将会被破坏，实际准备金将会少于“恐慌临界值”。最终，所采取的预防措施会吸收黄金并把准备金提升到必要的数量。但是在过渡时期，违反这一原则初衷的灾难可能会发生，担忧可能会扩散，之后，任何不幸的意外事件都可能造成众多灾难。

也许有人会问我：“以上所有推论都会在实际中发生吗？你认为英格兰银行目前应该持有多少准备金？如果你希望你的建议得到关注的话，请清晰地陈述它(我就知道会这么说)。”尽管这样做会由于我可能会在应用它们时发生某一错误而存在略微有损于我所提倡的原则的巨大风险，但我还是要清晰无误地回答这一问题。

我认为，就目前而言，如果英格兰银行银行部的准备金低于

10,000,000英镑,金融界就会变得不安和忧虑。我知道,按照旧时的观点来估计,甚至按照十年前的观点来估计,这一数额听起来极其巨大。我所受的教育应使我说出更小的数额,因为我受教育的时候对我们的资金需求很小,既不需要如此多的准备金,公众们也不期望如此多的准备金。但是,我是基于自己对人们当前的心理状态的观察而做出的判断。事实上,无论是否有道理,如果英格兰银行的准备金低于10,000,000英镑,那些关注这一准备金的一部分重要且睿智的公众会因此而变得焦虑和不满。因而,我把这一数额称作当前的"恐慌临界值"。环境会变化,而且会导致这一数额的增减变动,但是根据我能做出的最谨慎的估计,这10,000,000英镑的准备金就是当前我应该称作的"恐慌临界值"。

有人会说这个估计太过武断而且这些数据是猜测出来的。我会回答说,我只是把它们交给别人去评判。主要的问题实际是,公众们是否会在我所提出的"恐慌临界值"处开始变得焦虑和畏惧?由此做出的推断都是夹杂着事实和推理的相对简单的问题。在这样的情况中,最后的呼吁必然是针对那些精通于此且密切关注事实的人们的。

也许有人还会告诉我说,像英格兰银行董事会这样的机构不可能根据诸如此类的估计行事:这样的机构必须制定一个清晰的规则而且要遵守它。我会回答说,如果正确设定出这种估计对指导英格兰银行实施良好的行为是必需的,我们必须建立一个能够正确设定这类估计的管理机构。我们不应当忍受一个危险的政策,因为我们继承了一个不完美的管理形式。在之前我已经解释过我所认为的英格兰银行应该通过什么方式来强化治理机制,并且我相信如此强化的治理机制完全有能力制定出一个明智的政策。

接下来我要说，把前述的推理加入到数据当中，英格兰银行持有的准备金绝不应该少于 11,000,000 英镑或 11,500,000 英镑，因为经验表明，随时都可能会从英格兰银行取走 1,000,000 英镑或 1,500,000 英镑。我要把这一数额的准备金看成是实际最小值。粗略来说，英格兰银行应该以此为目标，且绝不应该试图低于这个最小值。并且，为了使准备金不低于 11,500,000 英镑，英格兰银行应该在其准备金达到 14,000,000—15,000,000 英镑时就采取预防措施；因为经验表明，在找到能从国外吸引资金的正确利率和这一利率有足够时间吸引资金之前，2,000,000—3,000,000 英镑就很可能足以应对英格兰银行的资金外流。当其准备金在 14,000,000—15,000,000 英镑时，以及由于外国的资金需求而使它减少时，我认为英格兰银行就应该开始采取行动并提高利率。

第十三章　结论

我知道有人会说，在这本书中我指出了一种顽疾，但却只开出了一种疗效甚微的药方。我一再强调，银行业的自然体系就是许多银行都自己持有现金储备的体系，如果忽视这一点它们就会遭受失败的惩罚。我已经表明，我们的体系就是单独一家银行在没有任何有效的失败惩罚机制下持有全部准备金的体系。然而我提议保留这一体系，并且只是尝试对它进行改良并减轻它的危害。

我只能回答说，我提议保留这一体系是因为提议改变它是毫无用处的。一个已经随着时间慢慢成长起来、已经使自己适应了业务过程和人们的行为习惯的信用体系不会被改变，因为理论家不会赞成，出版的书籍会反对。也许你应该或者最好在改变建立在英格兰银行的基础之上的英国货币市场机制并用每家银行持有其自己的准备金的体系取而代之的同时，也改变一下英国的君主政体并代之以共和政体。并没有足够的力量去进行如此庞大的破坏和重建，因此提议改变它是毫无用处的。

没有长期思考过这一问题的人不可能形成这样的观念，即对英格兰银行的依赖已经多么深刻地固定在我们的民族习惯中了。在这本书中我已经列举了如此多的例证，以至于我担心我肯定已经耗尽了读者的耐心，但我要冒险给出另一个例子。假设几乎所有人都认为我们的储蓄银行体系是稳定且良好的。当听到关于它的任何可能的反面观点时几乎每个人都会感到惊讶。让我们看看它意味着什么。根据最近的财务报告,储蓄银行——古老的储蓄银行和邮政储蓄银行都算在内——拥有大约 60,000,000 英镑的存款,针对这一存款,它们持有最优质的证券基金。但是它们并未持有任何现金储备。当然,它们在各种分支机构中有日常工作所需的一定量现金。但是就最后准备金中的现金——为应对恐慌的现金储备——来说,储蓄银行却连六便士都没有。这些银行指望着在恐慌中能够变现它们的证券。但是现实一再表明,在恐慌中,只有在英格兰银行的帮助下,这些证券才能变现——在这样的时刻,只有拥有最后准备金的英格兰银行才能贷出新钱,采取行动。如果在一次大规模的恐慌时期,发生对这些储蓄银行的挤兑行为,那么没有英格兰银行的帮助,它们连 100,000 英镑的统一公债都无法变现。如果它们不自己持有应对恐慌的现金储备,它们将完全依靠持有准备金的英格兰银行。

这只是已给出的不计其数的例子中的一个,它同样表明了我们的银行体系已经多么深刻地固定在了我们的思维方式中。政府保管着穷人们所依靠的资金,而且全体国民对此完全赞同。没人听到反对声音。每一个讲求实际的人——每一个懂得行动的人——都会赞同我们基于英格兰银行单一储备的银行体系不能被改变,或者许多银行各自持有现金储备的体系不可能将其取而代之。只有革命能够影响它,但是现在并没有爆发革命的诱因。

因此,唯一可行的方式就是充分利用我们的银行体系,并尽其所能地让它以最佳方式运行。我们只能运用改良方法,并达到我们所能实现的最佳改良效果。我已经尽力去说明，为什么我所提出的改良方法在我看来是我们的最佳应对之策。

我已经解释了为什么法国的计划不适用于我们英国。由执政当局直接任命英格兰银行的行长和副行长并不会减少我们的灾难和帮助我们渡过难关。我担心它反而会适得其反。但很可能会有人提议说，我应该解释一下为什么美国的体系或者一些改良措施不适用于或可能不适用于我们。美国法律规定，每家全国性银行应该根据其负债而持有固定比例的现金（美国有两类银行和两种不同的比例，但这和现在的问题无关），并且它是由检查员所确定的，他们利用自己的时间来检查银行是否持有规定数量的现金。也许有人会问，类似这样的事情不可以在英国进行尝试吗？这种美国体系或一些改良措施不能帮助我们走出困境吗？只要美国银行体系是一种多元准备金的体系，我就已经说过为什么我认为考虑是否应该采用它是毫无意义的。即使可以，我们也不能采用它。单一准备金体系对我们来说已经根深蒂固。对美国体系唯一可行的模仿就是颁布法律并规定，英格兰银行银行部应该始终持有固定比例（比如其负债的1/3）的准备金。但是正如我们之前已经看到的那样，负债的一个固定比例，即使是由董事们自主选择的，并且不是法律强制规定的，对准备金来说也不是一个合适的标准。负债也许会即刻发生，也许会很久以后才发生。一个针对不同期限负债规定相同准备金的固定规则，有时会因准备金过多而出错，有时会因准备金不足而出错。用过多的准备金去应对普通的危机会导致利润损失，而且它还不一定能始终保护银行；因为在应对罕见的、异常的危机时，这一准备金通常是不足的。当自主决定准备

金时，这一体系已经很糟；但是当法律强制规定准备金时，它会变得更糟糕。在英国货币市场处于敏感状态时，近似于法律限定准备金的方法肯定会刺激恐慌。如果将负债的1/3作为准备金被法律固定下来，那么当银行接近于这一比例时，恐慌就会开始，并如魔法般蔓延。而且恐慌会加剧，因为它不能没有事实依据——至少，不能全部没有。如果你说英格兰银行应该始终将其负债的1/3作为准备金而持有，你实际上是在说这1/3始终是毫无用处的，因为英格兰银行不能用它们发放贷款，不能提供额外的帮助，不能做我们认为最后准备金持有者应该做和必须做的事情。美国体系对我们来说没有任何益处，它的本质和原则都是有缺陷的。

因此我认为，我们必须依靠我所建议的温和改良措施。基于良好的意识、出色的判断力和足够的谨慎，我认为它们无疑是足够的。但是，如果我现在说对于我们所有人而言，关于我们银行体系的问题是微妙的，其解决方法是易变的和难以实现的，其结果也是难以估计的，那么我写此书便是徒劳无益的。

附　　录

附录 A　主要银行体系的负债和现金储备

下面是关于英国、法国、德国和美国的银行体系中的公众负债和现金储备的一个比较。英国的数据是最为残缺的，因为它们只包括英格兰银行和伦敦股份制银行的存款，以及英格兰银行的准备金，这一储备只是应对这些负债的可用现金，同时只是应对伦敦私人银行及英格兰、苏格兰和爱尔兰乡村银行类似负债的现金储备。因此，对于英国的情况，这种比较方法所呈现出的现金与负债之比要大于实际的数值。

(1)英国银行业

负债

英格兰银行存款和低估的股份制银行存款余额（1872 年 12 月 31 日）	29,000,000 英镑
伦敦股份制银行的存款(1873 年 12 月 31 日)	91,000,000 英镑
(参见 1873 年 2 月 8 日的《经济学人》)	
负债总额	120,000,000 英镑

现金储备

英格兰银行的准备金	13,500,000 英镑

现金储备与公众负债之比约为 11.2%。

(2)法兰西银行(1873 年 2 月)

负债

通货	110,000,000 英镑
存款	15,000,000 英镑
负债总额	125,000,000 英镑

现金储备

铸币和黄金持有量	32,000,000 英镑

现金储备与公众负债之比约为 25%。

(3)德意志银行(1873 年 1 月)

负债

通货	63,000,000 英镑
存款	8,000,000 英镑
承兑汇票和背书票据	17,000,000 英镑
负债总额	88,000,000 英镑

现金储备

现金持有量	41,000,000 英镑

现金储备与公众负债之比约为47%。

(4)美国的诸国民银行(1872年10月3日)

负债

通货	67,000,000英镑
存款	145,000,000英镑
负债总额	212,000,000英镑

现金储备

铸币和法定货币持有量	26,000,000英镑

现金储备与公众负债之比约为12.3%。

总结

	公众负债(英镑)	现金持有量(英镑)	现金与负债之比(%)
英格兰银行和伦敦股份制银行	120,000,000	13,500,000	11.2
法兰西银行	125,000,000	32,000,000	25.0
德意志银行	88,000,000	41,000,000	47.0
美国的诸国民银行	212,000,000	26,000,000	12.3

附录B 奥尔德曼·所罗门斯先生于1858年在下院特别委员会的证词摘录

1146.主席:我推测,11月份的压力对你们自身的影响就是诱使你们增加自己所持有的准备金并增加你们在英格兰银行的存款？——是的，正是如此；但是我想告诉委员会的是这一举措几乎完全是通过允许我们所持有的汇票到期而实现的，而非通过筹集任何资金或缩减我们客户的贷款来实现的。也许委员会知道，在 11 月 11 日我们为票据经纪商持有的票据达到 5,623,000 英镑，其中 2,800,000 英镑的票据在 11 月 11 日到 12 月 4 日到期，超过 2,000,000 英镑的票据在 12 月 4 日到 12 月 31 日到期。因而，约有 5,000,000 英镑的票据在 11 月 11 日到 12 月 31 日到期。所以，我们仅通过汇票的到期就为可能向我们提出的任何贷款需求做好了准备。

1147. 我理解你所说的你没有从客户那里撤回你平时提供给他们的贷款这句话的含义，但是你停止了像之前那样以存款形式把大量资金存于票据经纪商那里吗？——并不完全如此。我们允许我们所贴现的票据到期，并且减少了贴现量。我们持有大量的现金储备。

1148. 也就是说你从商界中撤回了你之前提供的贷款，与此同时你增加了自己在英格兰银行的存款？——是的，我们在英格兰银行的存款增加了。但是我们并没有撤回那些贷款。

1149. 威格林先生：你在票据经纪商那里有短期贷款吗？——有一些。大约 500,000 英镑，我们并没有收回。

1150. 主席：我认为你所说的是，商业压力使得你撤回了一部分你在之前所提供的贷款，并且同时增加了你在英格兰银行的存款，对吗？——目前我们只是停止了对未和我们开设经常账户的陌生人的贴现业务。

1151.那么,是否仍向票据经纪商提供和之前一样的资金呢?——有一段时间,我们并没有为经纪商和陌生人提供贴现业务,而是允许我们的票据到期,并持续使我们能够满足可能对我们提出的任何贷款需求。

1152.除了你们感到有义务要继续为你们自己的客户提供贷款以外,你们停止发放贷款了吗?——差不多是这样。也许我应该说除了我们在英格兰银行的大量如我们自己的备用资金一样可以利用的存款以外,我们同时在总部和各分支机构的备用资金中增加了银行券。

1153.我认为当时大量的公众证券都是由伦敦股份制银行卖出的,那么公众买入了什么证券呢?——据说,一些股份制银行和其他银行卖出了这些证券,但是我认为可以肯定的是公众购买了大部分证券,因为当基金下跌时他们总会购买。

1154.关于股份制银行体系在去年秋天加剧或缓解了商业压力所产生的效果这一问题,你是否准备向委员会说出你自己的观点呢?——我应该这样说,一般来讲,从拥有闲置资金的人们那里进行融资的股份制银行以及伦敦的其他银行,不论是在去年秋天还是在其他任何时候,都必须要援助商界,而且只能这么做。

1155.你说,无论是你们自己客户的贴现业务,还是通过票据经纪商进行的贴现业务通常都很大,但是在压力最大的时候,你们将业务缩减到你们认为只够你们的直接客户使用的程度,是这样吗?——是的。但是资本依然在那里,因为它在英格兰银行,并且它在短期内是可用的。如果我们不需要它,其他人就可以使用它。

1156.威格林先生:它实际上被英格兰银行使用了吗?——无

疑是这样,并且我相信是这样。关于这一问题没有任何疑问。

1157.你十分确定你们在英格兰银行的存款可能已经被需要了吗?——我们确信无疑。

1158.你没有考虑1844年条例的效果吗?这一条例可能已经将英格兰银行银行部置于无法满足存款者需求的地步了。——我必须说,它对我们毫无影响。

1159.因此,你会认为当时间到了,政府会像它之前所做的那样采取一些措施进行干预,从而使得英格兰银行能够满足对它的贷款需求吗?——我们应该始终认为,如果英格兰银行停止支付,政府的所有机构都将随之停止运转,并且我们绝不相信如果政府能够进行阻止的话,它会任由如此可怕的灾难发生。

1160.主席:你从未有过银行券的可兑换性正陷入危险这一想法吗?——从没有过,任何这类想法都没有过。

1161.威格林先生:我所说的并非银行券的可兑换性,而是英格兰银行银行部的状况。——如果我们认为对英格兰银行存在任何怀疑的话,我们将会收回我们的银行券,并把它们放在我们自己安全可靠的资金中。我们在任何时候都绝不相信会发生类似的事情。

1162.因此,你认为政府授权英格兰银行以证券作为担保而发行银行券的措施是商界普遍期望的,而且也是在未来同样的情况下商界依然可以指望的吗?——我们期待着这类措施。毫无疑问,这是一种最显著的措施。我们当时非常怀疑这样的措施是否会在最后一刻才付诸实施。

1163.你是否认真考虑过像发生在1857年11月的那样,英格兰银行拒绝向持有优质银行证券的人提供贷款的可能性?——当然考虑过。对于它可能产生的影响,是非常难以回答的。但是有一种观念已在商界中根深蒂固,即无论何时你持有优质证券,英格兰银行都应该以某种形式或方式将其兑现。我全面考虑过这种观点。我十分怀疑英格兰银行会拒绝向那些能够提供优质商业证券的人施以援手。

1164.凯利先生:当你说你们已经就存款利息补贴达成了一些新安排时,你所指的是伦敦威斯敏斯特银行,还是和你们有联系的一些其他银行呢?——我想所有的银行都已明白,无论是对它们的股东来说,还是对公众来说,随时都追随英格兰银行的变化而变化是不可取的。我想在所有的银行之间已经达成了一致意见,即它们不打算在将来这样继续下去。

1165.这是否是因为感到随时都追随英格兰银行的做法在特定的情况下是相当危险的呢?——我并不认为它是危险的。但是毫无疑问,公众的脑海中已经形成了一种我们不应该反对的观念,即你愿意为得到资金而支付高利率是因为你想获得那个人的资金,而不是因为你正执行市场利率;并且我认为我们应该说明,如果人们希望使用他们自己的资金,并想获得超额利率,那么人们就会取走资金而自己去运作资金,这种做法无可厚非。

1166.你认为目前银行之间已经形成你所提到的广泛共识了吗,即它们正在依照不同于去年 10 月和 11 月的原则行事?——我认为我要说的是,我了解到的就是这种情况。

1167.难道为短期资金支付高额利率的体系不是随着过去两年一些银行(这些银行愿意为期限仅为三天的票据支付利息而不

愿接受期限是十天或一个月的票据)的成立而出现的吗?这一体系难道不是始于两年前吗?——我认为它并非始于新银行,而是始于一家历史更悠久的银行。我知道,就我们自己的银行而言,我们不得不这样做。我忘记说了,就我们的存款而言,当事人必须存满一个月,否则他将失去利息。除非在我们这里存满一个月,否则我们不会以付息的形式从存款人那里取走资金。他可以在一个月内撤走资金,但会失去利息;除非存满一个月,否则存款没有利息,但可以在不预先通知的情况下取走存款。

1168.一些银行对经常账户支付利息,这是否属实?——是的,我认为大多数新银行都这样做,伦敦联合银行也这样做。

1169.我猜想,对经常账户支付的利率要低于存款利率,对吗?——我认为是这样的,但我相信,针对某个期限的最小余额所支付的是固定利率,不是六个月就是一个月,我并不知道确切期限。我认为我应该补充的是(并且我相信所有银行都是这样),从其成立之初一直到现在,伦敦威斯敏斯特银行从没有转贴现过一张票据。而在我们银行,票据只有在得以兑付之后,才会离开银行。

1170.伦敦的股份制银行也普遍如此吗?——我认为是这样的。

1171.威格林先生:但是,有时你们也会以票据经纪商存在你们那里的票据作为抵押而贷出资金,是这样吧?——是的。

1172.并且,你们偶尔会收回这类贷款并交回这些证券?——是的,但我们只在很小的范围内这样做。

1173.这等同于票据转贴现吗?——不是的,票据贴现和票据抵押贷款是差别很大的两件事。当我们贴现票据时，这一票据就成了我们的财产，在我们的控制之下，并且我们会持有它直到它到期为止；但是，当经纪商以票据作为抵押来向我们借钱时，比如说50,000英镑，我们借给他们资金，之后我们还回票据并收回这笔资金，这当然不是转贴现。

1174.当你想将资金用于短期时，你并不会经常以长期票据作为抵押而发放贷款吧？——但是，对我们而言，这并不是转贴现。通常，经纪商借入资金时会给我们长期票据，之后我们再收回这笔贷款。它既不是以统一公债作为抵押进行贷款然后收回资金，也不是转贴现。这种做法并非我们的一种贷款，我们也不寻求这样做。经纪商们来找我们借钱，并抵押给我们证券；当我们需要资金时就收回这笔钱，然后返还他们的证券。这当然不是一种转贴现。

1175.汉基先生：归还抵押贷款的票据和贴现票据之间难道没有如下明显的区别吗：如果你贴现了票据，你的责任将持续到票据到期？——是的，有这样的区别。

1176.在归还抵押贷款票据的这种情况中，你没有任何更多的责任？——当然有。

1177.你不认为那是一种重要的区别吗？——我认为它是一种重要的区别。举个例子：假设一个当事人向我们借款50,000英镑，我们借给了他，当贷款到期时我们再次收回我们的资金。这对我们而言当然不是一种贴现。

1178.如果你们转贴现，那么你们银行所承担的责任将是无限的；而在另一种情况中，你们只需收回资金，这难道不是一种区别吗？——这无疑是一种区别。

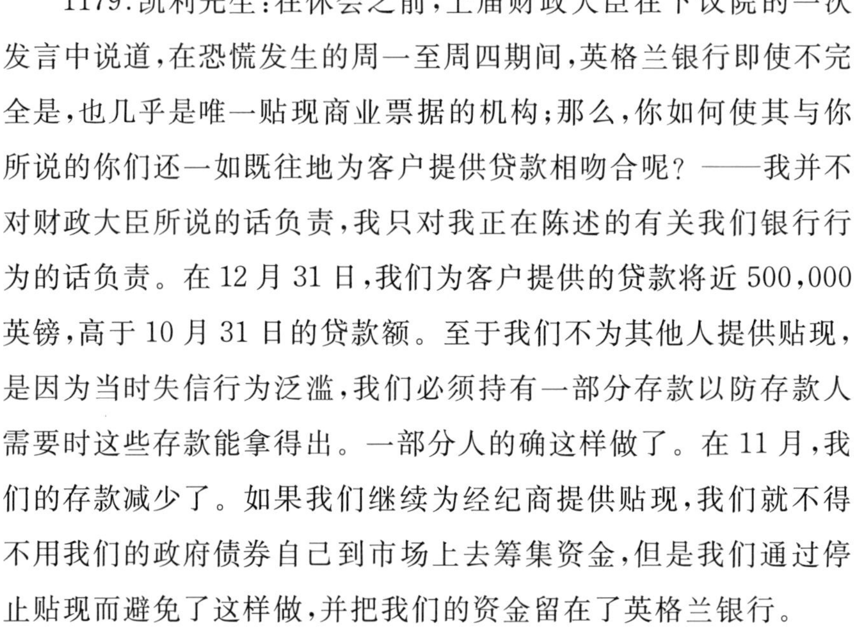

1179.凯利先生:在休会之前,上届财政大臣在下议院的一次发言中说道,在恐慌发生的周一至周四期间,英格兰银行即使不完全是,也几乎是唯一贴现商业票据的机构;那么,你如何使其与你所说的你们还一如既往地为客户提供贷款相吻合呢?——我并不对财政大臣所说的话负责,我只对我正在陈述的有关我们银行行为的话负责。在12月31日,我们为客户提供的贷款将近500,000英镑,高于10月31日的贷款额。至于我们不为其他人提供贴现,是因为当时失信行为泛滥,我们必须持有一部分存款以防存款人需要时这些存款能拿得出。一部分人的确这样做了。在11月,我们的存款减少了。如果我们继续为经纪商提供贴现,我们就不得不用我们的政府债券自己到市场上去筹集资金,但是我们通过停止贴现而避免了这样做,并把我们的资金留在了英格兰银行。

1180.那么,在那段时期,你们为客户提供的贴现少于平时?——不,我们提供了比平时更多的贴现。

1181.但是,并不为陌生人提供贴现?——是的,我们在指望我们为其提供贷款的自有客户业务和完全自愿依靠我们资金的经纪商贴现业务之间做了一个区分。

1182.如果在最后一刻政府没有签发许可证,情况会怎样?——这是一个我几乎无法回答的问题。

1183.你所说的你们的一般表现是什么意思?——在恐慌时期是无法断言将会发生什么的。大规模的恐慌必然会在商界之间蔓延,除非采取一些非同寻常的手段,否则它是不可能得到缓和的。我们很可能会处于类似于汉堡的状态,即没有银行券流通。

1184.斯普纳先生:你说的"最后一刻"是什么意思?你说,许可证是在“最后一刻”签发的，什么的“最后一刻”？——是指那天的晚些时候，那是非常不幸的一天。整整两天，都弥漫着严重的焦虑，每个人都期待着能得到一些缓解。我认为，正是在满怀期待之时，许可证签发了，它缓解了人们的焦虑。

1185. 如果过了“最后一刻”，而许可证没有签发，你能告诉我们你的意见会是什么吗？——这很难说，很可能我们会面对太多困难以致无法从恐慌中恢复过来。不管怎样，造成这一困境的因素肯定存在于伦敦之外，而非其中；因此，我很难给出自己的意见。我相信，不管是私人银行还是股份制银行，银行业利率都处于相当稳定的状态之中，伦敦能够承受可能会施加于它的任何压力。

1186. 汉基先生：你能告诉委员会，将多大比例的存款作为准备金是比较合适的吗？——这在很大程度上要视情况而定。在出现破产的恐慌时期，所有银行当然要增加准备金，那时，我们的准备金会更多。而在通常时期，我们发现，无论是带息存款还是无息存款，都在持续流通，资金收入几乎能够满足支出。

1187. 你们可能会随时将一部分完全未用存款作为准备金，是吗？——是的。

1188. 在商业的正常状态下，是否存在任何固定比例的未用存款？或者你能告诉委员会，你认为持有多大比例的未用存款是合理的吗？——我认为就这一问题我能给出的最佳意见就是把我们12月31日的年度报表或资产负债表提供给你们。

1189. 这些报表是否表明了你们当天的未用资金数额？——是的。我会把我们在每年6月30日和12月31日所持有的现金以及所发放的短期贷款和政府债券放置在一张报表中，就像我们的公开账目所显示的那样，这可能是回答这一问题的最佳方式，也可能是提供给你们想要的信息的最好和最便利的方式（参阅下表）。

伦敦威斯敏斯特银行的存款总额、持有的现金总额、对票据经纪商的短期贷款以及持有的政府债券(单位:英镑)

日期	存款	持有现金	短期贷款	政府债券	合计
1845.12.31	3,590,014	563,072	628,500	1,039,745	2,231,317
1846.12.31	3,280,864	634,575	423,060	938,717	1,996,352
1847.12.31	2,733,753	721,325	350,108	791,899	1,863,332
1848.06.30	3,170,118	588,871	159,724	1,295,047	2,043,642
1848.12.31	3,089,659	645,468	176,824	1,189,213	2,011,505
1849.06.30	3,392,857	552,642	246,494	964,800	1,763,936
1849.12.31	3,680,623	686,761	263,577	973,691	1,224,029
1850.06.30	3,821,022	654,649	258,177	972,055	1,884,881
1850.12.31	3,969,648	566,039	334,982	1,089,794	1,990,815
1851.06.30	4,414,179	691,719	424,195	1,054,018	2,169,932
1851.12.31	4,677,298	653,946	378,337	1,054,018	2,080,301
1852.06.30	5,245,135	861,778	206,687	1,054,018	2,122,483
1852.12.31	5,581,706	855,057	397,087	1,119,477	2,371,621
1853.06.30	6,219,817	904,252	499,467	1,218,852	2,622,571
1853.12.31	6,259,540	791,699	677,392	1,468,902	2,937,993
1854.06.30	6,892,470	827,397	917,557	1,457,415	3,202,369
1854.12.31	7,177,244	694,309	486,400	1,451,074	2,631,783
1855.06.30	8,166,553	722,243	483,890	1,754,074	2,960,207
1855.12.31	8,744,095	847,856	451,575	1,949,074	3,248,505
1856.06.30	11,170,010	906,876	601,800	1,980,489	3,489,165
1856.12.31	11,438,461	1,119,591	432,000	2,922,625	4,474,216
1857.06.30	13,913,058	967,078	687,730	3,353,179	5,007,987
1857.12.31	13,889,021	2,226,441	1,115,883	3,582,797	6,925,121

1190.你认为,当你们的存款实际增加时,有必要持有比其他时候更多的准备金吗?——我也许要说,一般而言,我们的准备金始终占存款的某个固定比例。

1191.除你们的自有客户外,你们会把资金贴现给其他人吗?——会贴现给经纪商。

1192.只贴现给经纪商吗?——是的。

1193.不为愿意给你们带来票据的陌生人如商号(commercial houses)提供贴现吗?——应该说,通常不会。我们只为一两家没在我们这里开户的商号如银行提供贴现业务,但通常来说,我们不对除了我们的自有客户和票据经纪商以外的人提供贴现业务。

1194.在只向商界提供援助的思想下,英格兰银行要严格遵守银行业最稳健的原则,你认为它通过提供比严格遵守这一原则的更大范围的贷款能给公众带来任何好处吗?——正如我之前所说,只要有优质票据在流通,即那些到期后肯定能够兑付的票据,就应该有一些方法能够使得这些票据得以贴现。

1195.你是否认为,仅仅因为持有票据的当事人希望将其变现,所以为任何人贴现票据是英格兰银行职能的一部分?——正如我之前说过的那样,英格兰银行很难摆脱存于公众脑海中的不相称想法,即英格兰银行并非一家普通的股份制银行。我认为,你是否能够拒绝对提供给你的优质票据进行贴现,在很大程度上必须要视情况而定。

附录 C

敦提银行在 1764—1864 年每十年间的通货和存款报表

年份	通货量(英镑)	存款额(英镑)
1764	30,395	—
1774	27,670	—
1784	56,342	—
1794	50,254	48,809
1804	54,096	157,821
1814	46,627	445,066
1824	29,675	343,948
1834	26,467	563,202
1844	27,504	535,253
1854	40,774	705,222
1864	41,118	684,898

附录 D　英格兰银行股东大会

1866 年 9 月 13 日

(摘自 1866 年 9 月 22 日的《经济学人》)

在本月 13 日中午 12 点,英格兰银行于本部召开了一次股东大会,这次会议的目的就是宣布过去半年的股利分配方案。

英格兰银行行长兰斯洛特·霍兰德(Launcelot Holland)先生主持了这次会议,并向股东做如下发言:这是由我们的章程所规定的季度股东大会之一，也是章程规定的半年度股东大会之一，其目的就是宣布股利分配方案。从我手中的报表可以得知，我们银行截止到8月31日的半年度净利润为970,014英镑17先令10便士，使得当日的盈余达到3,981,783英镑18先令11便士；在以每百股6英镑10先令的股利进行分红后，盈余将为3,035,838英镑18先令11便士。因而，董事会提议，在扣除所得税后，半年度的利息和利润分配为每百股6英镑10先令，将在10月10日进行分红。这就是我现在要提交给股东大会的提议；但是，由于上次会议后发生了一些重要事件，因而我认为应该在这次会议上简要地陈述一下这些事件。在过去的几个月中，英格兰银行和伦敦整个银行体系的财力都承受了巨大压力。我认为我有权这样说，在这个异常艰难的时期，不但本行而且整个银行业都做出了值得尊敬和值得信赖的表现。银行业是一个非常特殊的行业，它极大地依赖信用，以至于最微弱怀疑的冲击都足以将一整年的成果一扫而空。但是在过去半年的大部分时间里，伦敦的银行机构满足对其需求的一般方式给出了非常令人满意的结果，有力地证明了银行业所遵循的稳健准则。我们银行已尽了最大努力——并且非常成功地——应对了危机。我们并没有从自己的岗位上退缩。当危机的风暴袭来，在奥弗伦公司的破产传开的那个早晨，我们和其他任何一家银行机构一样，处于稳固而健康的状态；在那天以及接下来的一周，我们发放了数额难以置信的贷款。我相信，即使是在之前的很短时间内，也没有人能预测到这些贷款的数额之巨大。在这种状态下，公众心里有一定程度的恐慌是再正常不过的了，并且如果我们认为超发银行券的措施是值得的，那么，那些需要从英格兰

银行获得贷款的人们就应该去找财政大臣并请求政府准许我们发行超过法定限额的银行券。然而，我们必须在获得授权之前就采取行动，或许在财政大臣起床之前我们已经贷出了半数的准备金，这必将使它减少到令我们感到痛惜的程度；但是，我们认为支持银行业是我们的职责，我们不能退缩，我们意识到，求助于我们银行的任何合理请求都不应被拒绝。每一位带着充足抵押品来此的绅士都会得到满足。即使贷款需求不能被完全满足，也不会有任何一个提供适当抵押品的人不能从我行获得援助。关于这些重要时刻，我或许会比平时说得更为详细，而且它们非常有意义。我认为为了证明我行将存款余额减少到令某些绅士感到危险的程度的合理性，我值得对此多说几句。然而，回顾最近的事件，我并不能因为股东大会没有为在 5 月 11 日向我们袭来的风暴做好准备而加以责备；我希望，股东大会将能够感到他们的董事们在危急时刻采取了正确的举措，而且他们尽了最大努力来应对非常情况。现在，我只要求为过去半年进行每百股 6 英镑 10 先令的股利分配。

海厄姆(Hyam)先生说，在提问之前，他希望向股东大会发表一些看法。他相信，呈现在他们面前的账目报表非常令人满意。他还认为董事们已经尽了最大努力来协助商界同人度过上次货币危机。但同时他认为，他们在没能更早地向财政大臣提出暂停《银行法》的请求上犯了错误。众所周知，由于广泛流传着英格兰银行已获得超过《银行法》的限额而发行银行券的权力，所以当天的早些时候，对英格兰银行的资金需求实际上已经减少了。然而，这一特许权只是在当夜很晚的时候向财政大臣提出了最紧急请求后才获准的，如果当时这一请求遭到拒绝，他感到周六的事态将比周五更加糟糕。事实是,1844 年条例完全不适于我国的当前需要,自从该条例颁布以来,我国的商业已经增长了三到四倍。海厄姆先生对这一措施与众多董事的提议不谋而合感到遗憾。任何在沃特金斯(Watkins)先生动议下读过讨论会上的这一发言的人,都必然会感到这一议题需要进一步研究;并且他相信做深入研究的请求会得到认可。

琼斯(Jones)先生说,他完全不赞同刚才向股东大会发言的那位荣誉股东就《银行法》所发表的观点。根据他的观点,上次货币危机的主要原因是,当我们在 1865 年进口价值 275,000,000 英镑的外国产品时,我们的出口只有 165,000,000 英镑,因而我们的贸易逆差高达 110,000,000 英镑。他认为,英格兰银行在拒绝每一次增发银行券的尝试上都表现得很明智。他确信,如果由于这样的变化而引起价格上涨,那么工人阶层是最不可能获得好处的阶层。

莫克森(Moxon)先生说,在知道了过去半年英格兰银行的坏账总额是多少后,他应该感到高兴。在那段期间,公开账目非常确定地表明,返还给董事们的票据在 3,000,000 英镑到 4,000,000 英镑之间。

英格兰银行行长,我可以问你这一报表有何权威性吗?——听到这一谣言我们觉得很有趣,但是我们从没能追查出具有任何可信来源的这类谣言。

莫克森先生继续说道,不管坏账是大是小,他认为他们所有人都应该知道其实际数额是多少。在上次会议时,他们被告知英格兰银行持有大量的铁路债券;他希望知道,来自于铁路公司的这些债券是否有一些不能履行偿债责任。他知道，他们的一部分资产被套在了泰晤士河河堤工程(Thames Embankment)的贷款上，也由于其他方面的影响，使得资金无法用于一般的银行和商业用途；如果真是这样，他要对这种政策提出异议。他还希望谈到另外一个重点，就是他希望知道股份制银行存于英格兰银行的存款余额合计是多少。他担心也许在某时股份制银行会处于能够控制英格兰银行资金支付的地位上。如果不是这样，公众越快得知这一消息越好。但是，如果 10 家或 12 家股份制银行在英格兰银行有大量存款，并且如果英格兰银行的存款余额非常低，那么人们自然会开始怀疑股份制银行在英格兰银行所拥有的权力超过了它们应该有的限度。他还想问，董事会最近是否已经考虑过存款利息支付的对策问题。他认为，在他们开展业务的现行模式下，他们正在失去大量利润，而这本可以是利用他们自身以及公众的优势而获得的。他建议，董事会应该效仿法兰西银行所采用的方式，开展证券保管业务。最后他提出了三项决议提请大会表决：第一，印制出所有持有英格兰银行股份的股东名单，那些在持有期间由于所持股份太少或时间太短而没有投票权的股东名单单独列出；第二，印制出英格兰银行章程，以及为银行的有效管理而制定的条例、制度和法规等，以供股东使用；第三，任命审计师，对银行账目做详细审计。

格尔斯滕博格(Gerstenberg)先生建议，董事会应该采取某种措施以防止最近流传在欧洲大陆的关于英格兰银行将要暂停铸币兑付的这类谣言蔓延。

W. 波特利(W. Botly)先生说，他希望看到董事会能够考虑支付存款利息的对策问题。

奥尔德曼·所罗门斯先生说，他希望借此机会表达一下，对于股份制银行的经理和股东来说，任何东西都不能比英格兰银行行长那天就他们稳健、可靠的业务经营方式所做的陈述更令人满意的了。股份制银行以及银行业的利益应该大体上和英格兰银行的利益保持一致，这显然是令人满意的；他真诚地感谢英格兰银行行长以善意的方式间接地指出了股份制银行在应对上次货币危机时的方式问题。

英格兰银行行长说，在就股利分配方案进行表决前，我希望谈谈由刚才向大会做发言的人所提出的一两个问题。引起我们注意的最主要话题就是关于存款利息的对策问题。就这一问题，我必须要说，我认为在英格兰银行的经营中不能采取更加冒险的新举措。奥弗伦—格尼公司以及其他许多公司的破产都可以追溯到它们对短期存款支付利息的政策问题上，它们试图将这些存款投机在爱尔兰、美洲或者海外等在危急时刻到来时缺乏可用资金的地方。

波特利先生说，他所指的并非短期存款。

英格兰银行行长继续说道，这只是细节问题，主要的问题是我们是否应该对存款支付利息，对于这样的政策，我必须表示完全反对。莫克森先生提到了坏账总额，但是正如我冒昧地打断他的发言时所说的那样，我们绝不可能追踪到围绕这一问题而流传的任何谣言的来源。就这一谣言曾存在过而言，可以说它很可能源于英格兰银行所发放的巨额贷款。然而，要记住，没有足够的担保我们是不会发放贷款的，而最好的证据就是我们的坏账是如此之少。

披露坏账的精确数额绝不是英格兰银行的特点；但是我相信，即使在这一场合将其披露，也会由于其数额少得难以置信而使得人们不敢相信我所公布的数额。我确信，我们这次分配的股利就像我们之前所实现的任何股利一样，是通过诚实经营和辛勤劳动而赚来的，但也是由我们所有董事通过高度的敏锐性和紧迫性而赚来的。并且我要补充的是，如果交由审计师来负责你们的账目，只会削弱你们的责任感并引起你们业务管理上的混乱。如果董事们值得信赖，他们当然就有能力履行这一职责；如果他们不值得信赖，你们就不应该让他们继续待在目前的岗位上。关于我们被套资本的猜测，我必须说明，我们要把手中所有的 140，000，000 英镑投资于多种证券；但是，说我们的资金已被套牢且不能用于发放商业贷款的这种无端猜测是毫无根据的。我们在三个月内发放了高达 45，000，000 英镑的贷款，这比你们想要的资金多多少呢？有人建议我们应该接受抵押品，但是我们发现有必要拒绝除了我们自有客户的抵押品以外的所有抵押品，并且我认为保管抵押品正成为一个不断加剧的灾难。至于铁路债券，我认为我们没有什么值得怀疑的地方。我们只有一流铁路公司的债券以及我们所知的严格按照股东大会限制行事的公司的债券。提及这些问题后，现在我要就股利分配方案提请大会表决。

因而大会表决了这一提案并一致通过了这一提案。

随后主席宣布这一提案将在下周二以投票方式获得批准。因为根据议会法案的规定，英格兰银行不能以其他方式宣布高于之前半年的股利分配方案。

大会再次审议了莫克森先生提出的三条议案，但由于它们没有附议者，所以并没有提请大会表决。

奥尔德曼·所罗门斯先生说，行长已经表明他认为应该反对为存款支付利息；而每个人一定都很清楚，英格兰银行不应该采取这样的做法。但是他们理所当然地认为，行长的讲话不应适用于股份制银行，因为它们的信誉已经如此良好，经营得已经如此成功。

英格兰银行行长说，他想要表达的是如果将莫克森先生提议的做法付诸实践，这对英格兰银行来说将是非常危险的。

P.N.劳里(P.N.Laurie)先生说，他明白英格兰银行行长所说的“吸收短期存款是危险的”这句话是什么意思，在这一点上他赞同行长。

奥尔德曼·所罗门斯先生说他也持相同的观点。

在奥尔德曼·所罗门斯先生的提议以及波特利先生的附议下，大会对英格兰银行行长及董事们在过去半年里卓有成效地管理了英格兰银行表达了感谢，随后股东大会结束。

图书在版编目(CIP)数据

伦巴第街/(英)沃尔特·白芝浩著;刘璐,韩浩译.—北京:商务印书馆,2024

(汉译世界学术名著丛书:120年纪念版:珍藏本:增订本)

ISBN 978-7-100-23814-4

Ⅰ.①伦… Ⅱ.①沃…②刘…③韩… Ⅲ.①货币市场—研究—英国 Ⅳ.①F825.612

中国国家版本馆CIP数据核字(2024)第078645号

汉译世界学术名著丛书
(120年纪念版·珍藏本·增订本)

伦巴第街

〔英〕沃尔特·白芝浩 著

刘璐 韩浩 译

商 务 印 书 馆 出 版
(北京王府井大街36号 邮政编码100710)
商 务 印 书 馆 发 行
北京新华印刷有限公司印刷
ISBN 978-7-100-23814-4

2024年5月第1版 开本 710×1000 1/16
2024年5月北京第1次印刷 印张 15½

定价:86.00元